中华传统文化品读系列丛书

时光深处的

老玩意儿

SHIGUANG SHENCHU DE
LAO WANYIR

江 涛 编著

团结出版社

图书在版编目（ＣＩＰ）数据

时光深处的老玩意儿 / 江涛编著． -- 北京 ： 团结
出版社，2020.12
　　（中华传统文化品读系列丛书）
　　ISBN 978-7-5126-8410-2

　　Ⅰ．①时… Ⅱ．①江… Ⅲ．①游戏—介绍—中国
Ⅳ．①G898

中国版本图书馆 CIP 数据核字(2020)第 213027 号

出　版：团结出版社
　　　　（北京市东城区东皇城根南街 84 号　邮编：100006）
电　话：(010) 65228880　65244790　（出版社）
　　　　(010) 65238766　85113874　65133603（发行部）
　　　　(010) 65133603（邮购）
网　址：http://www.tjpress.com
E-mail：zb65244790@vip.163.com
　　　　fx65133603@163.com（发行部邮购）
经　销：全国新华书店
印　装：天津盛辉印刷有限公司

开　本：170mm×230mm　　16 开
印　张：16.75
字　数：233 千字
版　次：2020 年 12 月　第 1 版
印　次：2020 年 12 月　第 1 次印刷

书　号：978-7-5126-8410-2
定　价：66.00 元

# 前言

　　时间就像一列火车，车轮碾过了日日夜夜，碾过了春夏秋冬。高速发展的社会，每个人每天都忙忙碌碌，却不知道前方到底在哪里。高楼大厦替代了大街小巷，机器流水线代替了手工作坊，科技的发展在加快生活节奏的同时却少了那份温润的心情……回想过去的悠悠岁月，在我们记忆深处渲染着儿时美好生活的点点滴滴——曾记否？春日的午后，卖小鸡的小贩的吆喝声回荡在大街小巷；晚霞中，叮叮当当的打铁声伴随着袅袅的炊烟断断续续；炎炎夏日里，自行车载着装满冰棍儿的箱子，伴随着一声声悠远的"冰棍儿……冰棍儿……"的叫唤；年关将至，各种售卖吃食玩意儿的小摊周围挤满了大人和孩童……

　　对于过去的岁月来说，那些在百姓生活中广为流传的手工技艺、百业行当，是一个个鲜活的文化符号，凝聚着人类的智慧和心血，承载了太多人们难以忘却的记忆，是人类精神的重要遗存。

　　但随着经济的飞速发展和城市生活的巨变，时光深处的那些老工艺、老行当、老字号，那些与老百姓日常生活息息相关的老游戏、老物件等，正渐渐淡出人们的视线；老艺人人衰艺绝、老工艺失传掺假、老字号生存艰难等现象层出不穷。或许几十年后，我们只能在冰冷的文献资料中，寻找、追忆它们了。

　　古老的民间民俗文化艺术，凝聚了无数匠人的坚持与守护，这里面有匠心，有文化意蕴。我们不该忘记，而是应该传承。如今，国家、社会和一些团体、个人采取了一系列的措施保护这些传统工艺、行当、字号等。有感于此，在搜集大量资料的基础上，本人编写了这套"中华传统文化品读系列"丛书，从老工艺、老行当、老字号和老玩意儿四个方面，介绍了大量过去的民风民俗、技艺传承等。

　　老工艺是我国自古至今传承不息的造物文化，承载了中华民族生产生活的经验和对美的追求。随着工业化的发展、生活方式的转变，传统工艺从衣、食、住、行、用等生活舞台的中央走向边缘，工艺传承和工艺文脉逐渐模糊、零落，面临断层、流失的危机。

　　老行当，是对社会上正在消失的各行各业的总称。不同职业的分工称为

"行"，行当中所做的事，称为"当"。现在科技越来越发达，很多当年的老行当都已渐渐没落，给我们留下难以忘却的日常生活场景。

老字号是当年商业才俊经历了艰苦奋斗的发家史才得以最终统领一方的行业，其品牌也是为社会所公认的质量的同义语。随着现代经济的发展，老字号显得有些"失落"，目前，全国各行各业共有老字号商家约1万家，到今天仍在经营的却不到千家。

老玩意儿包括民间游戏、民间娱乐项目、民间物件等，它主要流行于人们的娱乐生活之中。民间游戏里的打瓦、拔老根儿、火柴枪等，现在的小孩子知道的很少了；民间使用的风箱、纸缸、煤油灯等，生活中也很少见了……

文化兴，国运兴；文化强，民族强。中华民族传统文化源远流长，是中华民族的"根"与"魂"，是智慧的结晶，是时代的承载，也是民族性格、民族精神、民族创造的标志，丧失了这些，就无法承前启后，继往开来。

提高国家文化软实力和中华文化影响力，关系着国家综合国力的提升，关系着中国大国形象的展示。民间传统文化是民族的，也是世界的宝藏。虽然时移世易，但值得永久保存、传承下去。

冯骥才提出："我们的民间文化太博大、太深厚、太灿烂，任何个人都无法承担这一伟大又艰巨的使命，需要我们联合起来，深入下去，深入民间，深入生活，深入文化，深入时代。"

观复博物馆馆长马未都说过："如果有一天，中国重新成为世界最强国，依赖的一定是我们的文化，而不是其他。"

这套"中华传统文化品读系列"丛书，不仅可供曾经经历过、见证过那段载满历史记忆的岁月的过来人享受怀旧的乐趣，亦可以让没有经历过那段生活的人们了解曾经长期存在过的那些传统文化和文明。

读者通过本套丛书可以知道，中华民族文化源远流长，东方文明古国物产丰饶。中华传统文化是一棵根深叶茂的大树，是国之瑰宝。

由于老工艺、老行当、老字号和老玩意儿品类众多，限于字数和篇幅，本套丛书只选取了最精彩、最有趣、最贴近生活的部分，分门别类予以介绍，以飨读者。希望通过本套丛书，让更多的人关注民间传统文化，留住民族文化之根。

江 涛

己亥年壬申月于杭州

# 目 录

## 第一章　儿童游戏类老玩意儿

# 第二章　儿童玩具类老玩意儿

# 第三章　民俗游艺类老玩意儿

## 第四章　文人雅趣类老玩意儿

## 第五章　生活用具类老玩意儿

# 第六章　手工生产类老玩意儿

# 第一章

# 儿童游戏类老玩意儿

随着手机、iPad等电子产品的诞生及普及，孩子们捧着手机，iPad，沉溺在游戏世界里的画面几乎成为孩子们娱乐生活的日常，玩耍的欢声笑语日渐减少。过去没有手机、游戏机等各种玩具，很多人童年玩的就是扇洋画、粘知了、丢沙包、跳山羊等室内外游戏，过去物质条件远不如现在丰富，当时的小游戏不仅串联起了孩子们的友情和欢笑，还给孩子们带去了健康和快乐。

# 手影戏：一灯一布变动物

手影的历史悠久，是一种传统的儿童游戏。它不需要复杂的设备，只要有光亮，一盏灯或者明月，就可以伸出手掌，通过手势的变化，创造出各种动、植物的形象。通过手影表现出的兔子、狗、猫、大树、飞机等，不仅孩子们爱看爱学，也是一种能激发孩子的兴趣和联想思维的趣味游戏。

## 渊 源

手影游戏历史悠久。南宋时期的笔记《都城纪胜》中分市井、诸行、酒肆、食店、茶坊、四司六局、瓦舍众伎、社会、园苑、舟船、铺席、坊院、闲人、三教外地，共十四门，记载临安的街坊、店铺、塌坊、学校、寺观、名园、教坊、杂戏等。其中记杭州瓦舍众伎"杂手艺"中就有"手影戏"一项。

手影戏不要复杂的设备，只要有光亮的地方，蜡烛、灯具或者太阳光，月亮光，运用手势，就可以展开巧思，通过手势变化，创造出动物或者植物的形象，因手影主要做给儿童看，儿童喜爱动物，于是小猫、小狗、小猪、小兔、大灰狼、鸡鸭鹅，等等，就成了手影的主要表现对象。

最早的手影戏属于杂技品种，现在有演员通过口技和手影结合，来表演手影戏，演员一般在屏障后边用手的组合表演各种人物、动物的造型，用现代灯光把各种造型投射到屏幕上形成手影，同时配以口技模拟声音，这种新表演形式深受人们喜爱，尤其是深受孩子们喜爱。

随着手影戏的发展，慢慢地由舞台走进了校园，走进了孩子们的课堂，现在的手影戏不单是一种表演形式，还是孩子们的游戏项目。孩子们通过形似的手影游戏，可以启发联想思维，增加学习的兴趣。

早期火柴盒上的手影游戏图案

## 流　程

过去的手影表演仅仅需要灯光和布景，发展到现在，幻灯机、投影仪也是表演用的道具。演员可以表演出天上飞的，地上跑的，水里游的，草里蹦的，各种动物、植物和物品，还可以表演故事、戏剧、相声、杂技等曲艺项目。

手影的表演全部靠手部动作投影的改变、幻化，形成各种不同的形象（影像）。由于变化众多，深受孩子们的喜爱。如今很多幼儿园和小学也有手影教学，很多父母也可以在家里教给孩子们各种手影的变化。

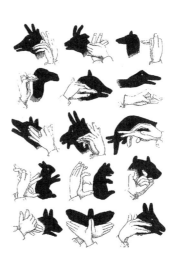

手影的样式

# 扇洋画：正拍反拍一条龙

洋画，又称洋片、公仔纸或翁仔标，20世纪七八十年代常见，现在已经难以寻觅了。洋画就是上面印的各种人物、花鸟、风景、故事情节等图案的小卡片，洋画的内容很多，《水浒传》《三国演义》《西游记》，传说、神话、老故事，都是一套一套的。洋画的印刷不是很精美，玩的时候，主要是放到地上用手拍，是过去孩子们喜欢玩的一种东西。

## 渊　源

拍洋画，是20世纪七八十年代流行很广的儿童游戏，在北方部分地区叫"扇洋片"；在上海，洋画被称为"香烟牌子"；在广州，洋画被称作"公仔纸"；在西北地区，洋画还被称为"拍将"；在东北地区，孩子们则将拍洋画称为"玩卡""玩啪唧"等。

最早的洋画，是第一次世界大战前后，外国烟草公司向中国促销香烟的一种手段。卷烟厂为了促销香烟，有意在烟盒里装一张小画片，作为赠品吸引顾客。当时称卷烟为洋烟，洋烟盒子里的小画片，也就唤作洋画。

洋画一般用厚纸片制作，长方形，面积略大于火柴盒封面。洋画上印有精美的图案，比如《水浒传》一百〇八将、《西游记》人物等。集齐若干枚规定的图案，可以免费领取一包香烟。后来，洋为中用，洋画成为一种寓教于乐的袖珍型启蒙读物。

过去的烟纸店内，常常有洋画出售。很多是小商店老板剪好，几十张一叠，用皮筋扎着卖。画片上印有历史故事、花鸟鱼虫、戏曲人物等，有的画片背面还印有与画面图案匹配的谜语。物美价廉的洋画，很受孩童喜欢。过去，孩子们除了收藏洋画，还常常在课余时间玩扇洋画游戏。

拍洋画就是那时候兴起的。把洋画合在一起，摆在地上，轮流用巴掌去拍，或者用洋画去拍洋画，谁扇翻了归谁；游戏随时随地随意进行，你输我赢，乐在其中。那时候小朋友常喊："谁跟我拍洋画，赶紧跟我走。不跟我拍洋画，那是你没有。"

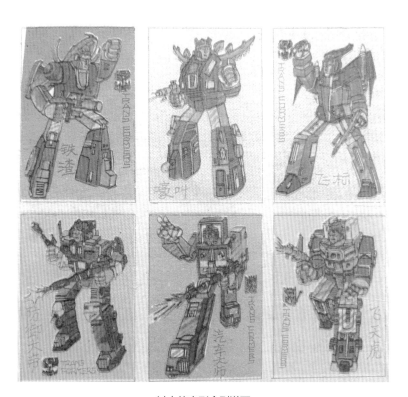

过去的变形金刚洋画

## 流 程

洋画游戏，规则很简单，分为扇洋画和拍洋画，扇洋画时通过"剪刀石头布"分出先后。一方将洋画折好四边扣在地上，一方找好"窍儿"（即容易把对方的洋画扇翻的角度）拿洋画用力扇在地上，靠洋画落地时的气流将另一方的洋画扇翻。

拍洋画时双方各出数量相等的洋画，一般是各出一张或多张，摞在一起，折"V"字形，靠手拍在地面时的气流掀翻洋画，扇翻或拍翻的洋画则归赢家。后来用本子纸或香烟盒叠成的四方形或三角形的扇三角、扇四角逐渐代替了扇洋画，也曾风靡一时。

拍洋画有以下几种不同的玩法：

纯吸。纯吸是最简单的一种玩法，每人出数量相等的洋画，可以一张也可以多张，用手往正面吸。吸开几张就赢几张。

正反拍。正拍是将洋画的正面朝上，反面朝下，用手拍打，使正面翻转向下者为胜，否则拍击权即转交对方。反拍是将洋画的正面朝下，反面朝上，用手拍打，使正面重又向上者为胜，否则拍击权即转交对方。

老洋画

此外还有两种玩法：

一条龙。一条龙又叫清一色，拍打者必须依次将台面上所有洋画拍翻，否则即被视为失败，拍击权即转交对方。

满堂红。满堂红又叫过三关，限定游戏参与者每人每次只能出一张或两张洋画，拍击者需将台面上所有的洋画拍翻，然后再将这些已翻转的洋画全部拍正。此后，还需挥手扇风，利用气流之力将洋画掀翻，连续通过三关者，方可赢得台面上全部洋画。

# 柳哨儿：早年农村树皮笛

在过去的乡村里，尤其是关东地区，有一种叫"叫叫"的玩具，"叫叫"就是柳哨儿。截取一段柳树条子，把里面的木质部分去掉，留下树皮，用嘴吹能发出美妙的声音。在过去那个物质匮乏的年代，乡村的孩子们没什么可玩的，就只能发挥民间可利用的资源来自娱自乐。柳树和杨树的枝条都能做成可吹的哨儿。不过柳树做成的哨儿声音发尖悦耳，杨树做成的哨儿声音发闷，不是那么好听。

## 渊　源

柳树是中国的原生树种，有2000多年的栽培历史，史前甲骨文已出现"柳"字。柳树也是我国被记述的人工栽培最早、分布范围最广的植物之一，属于落叶大乔木，别名杨柳。

柳树的得名源自柳树的头木作业法。古代工具简陋，伐取粗大的树干非常困难，而伐取两寸来粗的树枝则比较方便。因此，先民所用木材主要是两寸来粗的枝干。在长期使用中，人们会发现，柳树伐过枝干后，茬口处能够萌生新枝条，更利于使用，因此便形成了对柳树的头木作业，在一定高度截去树冠，促进新枝萌生，每隔几年伐取枝条利用。头木作业的结果是保留树干，以便持续利用枝条。"柳"字与"留"字读音相近，"柳树"就是"留树"，表示保留树干以便再次利用的一类树。

《诗经·小雅·采薇》里有"昔我往矣，杨柳依依"的句子，就是用离别赠柳来表示难分难离、不忍相别、恋恋不舍的心意。过去，"插柳"和"折柳"都是我国的民俗。

郑午昌（1894—1952）绘河边垂柳图。春天的垂柳是做柳哨儿的来源之一

拧树皮笛儿，又称拧笛儿，为早年民间的一种游戏，游戏者以青少年男子居多。将顺溜儿的树枝皮筒儿拧下呈筒状，两端剪齐，上端捏扁，用指甲刮掉一厘米宽皱皮，作为笛子放口中吹奏，有的再在皮筒儿上挖几个小孔，以手指按抬起伏吹奏，可发出较为美妙的声音，宛如演奏箫笛一般。

20世纪六七十年代以前，每年春夏之交，民间拧树皮笛儿者很多，在农村尤为流行，几乎随处可见。如今，人们的生活水平大幅度提高，业余文化生活亦丰富多彩，民间拧树皮笛儿作为一种传统游戏，已不多见了。

## 流　程

做柳哨儿是一个技术活：

首先，选准季节，一般是春夏之交柳树刚发芽的时候，树皮和里面的枝条容易分离，过了季节树皮就非常难扒掉了。

其次，手劲要均匀。拧柳哨儿要有一定的耐心，用力要恰到好处，才不会把薄脆的柳皮拧裂。折下的柳枝条，一只手握着，一只手从枝条的一端开始转着扭，树皮和树枝就会"分家"，待到转到想要的长度，拿剪刀剪断，用手轻轻地一抽，把枝儿抽出来，一个柳哨儿就做好了。手劲大了，树皮就弄坏了；手劲小了，不能使树皮和树枝脱离。这需要练习，也需要一定的技巧。

最后，善于修整。嫩柳皮管儿需要修整，把它的两端掐齐，再把一端的绿硬皮抠出几毫米，露出硬皮里面那一层，这时，柳哨儿才算做成功了。

柳哨儿拧好后，就可以直接放到口中吹了。吹奏时唇部不宜将哨口压紧，为的是让气流震动哨口的柳皮。至于柳哨儿的长度，没有严格的规定，稍长一些的柳哨儿还可以在哨儿身上再挖几个孔，可以使音律更加丰富，甚至可以实现短箫的效果。

树皮笛儿最容易损坏的部分，是笛嘴儿，所谓"笛嘴儿"，就是上端嘴含的部分，因其已经捏扁变形并刮去外皮，经常用嘴含着吹奏，极易开裂，笛嘴儿开裂就会漏风，难以集中气流，树皮笛儿就不会发生共鸣，但大多不用丢弃，用剪刀剪掉开裂的部分，依然捏扁口部刮去糙皮，可继续使用，再展风采。许多树皮笛儿，开始时有二十多厘米长，经过多日吹奏，笛嘴儿多次开裂剪截，剩下两三厘米长，还能吹奏。

拧树皮笛儿虽然简单，但并非所有树木都能用，杨树和柳树最好，它们不仅含水分较多，木质相对松散，且枝条大多顺溜，枝条皮最容易拧下。

# 方宝：扇翻就赢得宝贝

摔方宝也称摔四角，一般用书皮或比较硬的纸叠成，叠得方方正正的叫方宝，用香烟盒折叠而成的叫三角。二者的玩法一样，都是靠产生的风或适当的角度把地上对方的方宝翻个面，对方的这个宝就归你了。现在偏远地区农村还有孩子们在玩类似的游戏。

## 渊　源

**方宝的制作流程**

摔方宝又叫"打方宝"，也叫"打啪唧"，是20世纪七八十年代孩子们喜欢玩的游戏。

方宝和三角都是用纸折叠而成，方宝是四方形的，三角是三角形的。孩子们玩的时候，通常都是在土地上玩，因为过去板结路很少，土路多。过去，扇方宝或者扇三角是孩子们，尤其是男孩子们非常喜欢的一个游戏，课间或者课后、周末等课余时间，孩子们就会聚集在一起，拿出自己用各种纸张叠成的方宝或者三角，围聚在一起玩耍。

那时候，几乎每个男孩子的口袋或书包里，都有一些方宝。好的方宝一般用牛皮纸或杂志封面叠成，比普通书本或报纸等叠的方宝重，不容易输给对方，是小朋友心爱的宝贝。

## 流　程

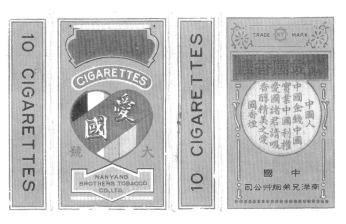

**过去折叠三角的材料大多是烟盒纸**

　　三角是收集的纸烟的包装盒，折成三角形玩具，孩子们拿它们在地上扇着玩。三角折叠方法是，将纸的一端折成三角，将三角再对折，使纸的一端呈三角形，然后将剩余部分的一端向内折成小三角，再向大三角对折，最后将与小三角对称的未折叠部分折入大三角内部。

　　玩的时候，每人出一个三角，大家都会把自己的三角的边微微折一下，放在地上，使三角的每个边都和地面接触，没有缝隙。先由一个人拿着自己的三角用力地拍向地面，借住扇起的风力和三角之间的摩擦力，争取把对方的三角扇得翻过来。一旦对方的三角翻了过来，对方的三角就归自己了。这里也有很多技巧，怎样用力，从怎样的角度扇下去，扇对方三角的什么位置，都有很多讲究。有时一不小心，不但没把对方的三角扇翻，反而自己的三角仰面朝天了，这就倒霉了。三角翻了就被叫作大翻车，大翻车的三角会很容易被对方扇翻过来。

　　方宝是将两张同样大小的纸折成长条，呈十字折叠，下面的一条边角沿上条边折成三角，再折到上面这条中间。另一头也同样如此。最后将折叠的四个尖角依次交叉，一个完整的方宝就叠好了。玩的规则和三角一样，双方用"石头、剪刀、布"抢先，输者先把自己的方宝正面向上置于地上，赢者手拿方宝往地上摔，可以摔到对手方宝上或旁边，目的是借助风力或敲力将对方的方宝翻个儿，如果方宝翻个儿了，那么这个方宝就归自己了，对方再放一个方宝后游戏继续。如不能拍翻，则对方开始拍自己落在地上的方宝，依次轮流玩下去。人多的时候，就按顺序来。

## 粘知了：经验耐心注意力

在过去，没有手机、电视、电脑、游戏机，最多有个收音机，还总被大人们抱着听，孩子们没有电动玩具、塑料玩具、变形金刚、电子游戏等，平时所玩的一切都是原生的、自创的，尤其是到了夏天，捉蜻蜓、捉知了猴、粘知了就成了孩子们最喜爱的活动之一。

### 渊 源

民国时期瓷板上的蝉图

唐代虞世南作过一首关于蝉的诗："垂緌饮清露，流响出疏桐。居高声自远，非是藉秋风。"大意是，蝉垂下像帽缨一样的触角吸吮着清澈甘甜的露水，声音从挺拔疏朗的梧桐树枝间传出。

蝉是一种昆虫，成虫俗称爬拉猴、知了龟、知了猴、爬蚱等。蝉具有高蛋白、纯天然等特点，既是一道好菜肴，也是一味常用中药材，在我国各个地区，特别是黄河中下游的广大地区早有食用金蝉的习惯。譬如，《诗经》《礼记》等古籍中出现的

"蜩""范"等，经汉代郑玄注释，蜩即蝉，范即蜂，"皆人君燕食所加庶羞也"。《毛诗陆疏广要》亦说："蜩亦蝉之一种，形大而黄，昔人啖之。"据《周礼·天官》记载，周天子进膳，"食用六谷，膳用六牲，饮用六清，馐用百有二十品，珍用八物，酱用百有二十瓮"。其中的珍用八物，就包含"酥酪蝉"。

《庄子·外篇》还载有一个故事：有一天，孔子到楚国去，途经一片树林，看到一位驼背的老人正用竿子粘蝉，动作干净利落，便好奇地问，你这么灵活，是技术好，还是道？"道"，是技巧。虽然孔子问而不得，但至少说明战国时代便有"专业"捕蝉者了。

捕蝉就是粘知了。古代还有一种用火捉知了的方法，《吕氏春秋·期贤》中记载："今夫燿蝉者，务在明其火，振其树而已。火不明，虽振其树，何益？"这种方法要求夜晚在树下燃起一堆火，然后晃动树，知了受惊后会像"飞蛾扑火"一般冲向火堆。

在20世纪七八十年代，7月和8月间，知了猴大量出土，一到天黑，很多人出去捉知了猴，回家用清水加少量食盐浸泡，想吃的时候，就取植物油，在锅中加热，放入清洗过的知了猴，炸两三分钟，捞出，控油，就可以吃了。

晚上捉知了猴，白天粘知了，是那时夏天人们的一大乐趣。

## 流　程

粘知了的材料有多种，主要是面筋。面团洗去面粉，剩下的那部分洗不走的便是面筋了。把面粉放在碗里，加适量水，和匀，醒好，然后用水将淀粉一点一点洗掉，水要循序

清代的竹蝉铜镇纸

渐进地加，一次只能加一些。当面在水里变得如一块皮子般时，面筋才算洗好。还有用蜘蛛网、桐油胶的。后来，最省事的方法就是使用粘蝇纸，粘蝇纸的胶黏性很强，用鱼竿梢在粘蝇纸上滚动，使黏胶逐渐缠绕在鱼竿梢上，有两三层即可。

粘知了的杆子一般由两截组成，下面一截要长一些，壮一些，一般由竹竿或木杆担当，竹竿或木杆上面再绑一截指头粗细的树枝，树枝的最尖端便是放面筋的地方。

粘知了的过程简单而又刺激，拿着粘有面筋的长竹竿，瞄准树上的知了，小心地把竹竿伸到知了背后，迅速将它粘住。取下来，装进事先准备好的小盒中。但粘知了并不能百发百中，有时会惊动知了，知了飞了，还需重新寻找下一个目标。

# 憋死牛：堵住去路就能赢

民国时期玩憋死牛游戏的孩子

憋死牛是一种非常简单的棋类游戏，因此一旦掌握了诀窍，便很容易就能把对方的"牛"给"憋死"。这个游戏虽然简单，但对于提高孩子总结规律的能力还是有所帮助的。过去，孩子们常在路边，找根木棍，画上"棋盘"，找到趁手的棋子，就玩起来。

## 渊　源

憋死牛又名"老虎吃食"，是民间棋类游戏，流行于东北、华北等地。过去是农民去田间劳动休息时，喜欢下此棋。在生产力不发达的过去，物质匮乏，没多少游戏项目，相应地也就产生了对物质条件要求很低，而又随时随地可以进行的简易游戏。

这些游戏对人与人之间的沟通与交往是有益的，也培养了人们的社会、集体观念。然而，随着社会生产力的不断进步，人们生活节奏的不断加快，憋死牛等游戏逐渐开始不能满足人们对娱乐活动的需求，随着时间的推移，这些游戏在慢慢淡出历史舞台。

## 流　程

憋死牛游戏的规则是这样的：先在地上画一个大大的"区"字作为棋盘，再在"区"字右侧的两个角之间画一个圆圈作为"井"，这眼"井"在后面的走棋过程中是不可以逾越的。对弈双方各执两枚棋子，棋子一般都是就地取材。你用两颗石子，我就用两块瓦片；你用两个杏核，我就用两个粉笔头，总之有所区别就行。每人所执的那两枚棋子就是所谓的"牛"。

游戏开始前，两人先将棋子摆好。具体摆法是：一方将两枚棋子摆在"区"字左侧那一竖的两端，另一方则摆在右侧的两个角上，只留出"区"字中间的交叉点作为走棋的空当。通过"石头、剪刀、布"分出谁先走棋之后，游戏就可以开始了。"区"字状的棋盘上共有五个交叉点，而棋子就占去了四个，所以每人每次只能沿着"区"字里面或横或竖或斜的线段挪动一个位置，而落棋必须在交叉点上。该游戏并不以"吃掉"对方棋子为目的，而是以"憋死"对方为赢。两个人在轮流走棋的过程中，什么时候一方被另一方的棋子全部堵住了去路，那么走投无路的一方就输了。

这个游戏有个规律，只要你不让自己的两头"牛"同时走到"区"字上下两条横线的两个端点上，就能立于不输之地。

# 抓子儿：先抓完子儿得第一

抓子儿又称"拾子儿"，在过去是小男孩小女孩都玩的游戏，以女孩子为多。抓的"子儿"一般是破碎的瓦片砸磨成的圆球，直径约为1厘米，也可以用相同大小的石头或桃核。抓子儿游戏不受性别和场地的限制，男孩女孩都喜欢，室内室外都能玩。抓的子儿多少不定，少的四五颗，多的八九颗，或十几颗。

## 渊　源

据说"抓子儿"最早是满族、蒙古族、达斡尔族和锡伯族的古老游戏。这个名字是满语的汉语音译，在清代正式的汉语写法是"背式骨"，满语叫玩"嘎拉哈"，原指兽类后腿膝盖部位、腿骨和胫骨交接处的一块独立骨头。据考古发掘得知，早在金代，女真人贵族就常玩这种游戏。

最早是用鹿、獐、狍、麋等蹄腕骨做嘎拉哈，抛掷嘎拉哈，落地后以倒、仰、横、侧分胜负，以猪、羊赌输赢，多为男人间的游戏。17世纪初，清代在沈阳定都后，抓嘎拉哈逐渐演变为妇女儿童的游戏。根据满族的习俗，正月里姑娘们不允许动针线，东北的正月也不适合进行户外活动，于是女孩子们中就兴起了这种室内游戏。随着后来民族间的迁移与融合，嘎拉哈逐渐在我国北方民间传播开来。在流传过程中，游戏发生了一些适合普及的变异，成为人们熟知的"抓子儿"。

其实，早在明代就有了抓子儿的游戏。明代刘侗的《帝京物略·春场》中记载："是月也，女妇闲，手五丸，且掷且拾且承，曰抓子儿。丸用橡木、银砾为之，竞以快捷。"可以看出，抓子儿在古代是一项适合室内活动的游戏，多为女孩子在正月间玩，以象牙、木头、银砾为材料，通常为五颗子，动作有"掷""拾""承"等。

　　明清小说《金瓶梅》《红楼梦》《醒世姻缘传》中对闺阁女子玩抓子儿游戏，也有生动细腻的描述。比如《醒世姻缘传》第七十七回："如闷得慌了，合娘坐着说话儿消闲，或与小婶儿看牌、下别棋、挝子儿。"可见，在明清时期，抓子儿就已经是一项很普遍、很时尚的游戏了。

16世纪尼德兰绘画中抓羊拐游戏，和中国的抓子儿游戏类似

　　到了近代，抓子儿游戏不再是闺中女子的专宠，也不局限于室内了。冰心在散文《冬儿姑娘》中描写道："这孩子可是厉害……四五岁的时候，就满街上和人抓子儿、押摊、耍钱……"可见，抓子儿游戏在民间盛行之广，影响之大。

　　抓子儿游戏也是曾风行世界各地、历史悠久的一种游戏。乌克兰境内基辅地区史前人类居住的洞穴中曾发现抓子儿用的物件，古希腊陶罐上有抓子儿游戏的图案。如今，孩子们游戏项目多了，抓子儿游戏在民间也少见了。

## 流　程

　　抓子儿既可以两个人玩，也可以多人玩。

　　抓子儿有抓五子儿、抓七子儿、抓九子儿、抓十一个子儿等几种形式玩法。各地都以抓五子儿、抓七子儿为主。抓九子儿和抓十一子儿的很少。

其实不论多少子儿，其基本要求都是一样的。将子儿都撒到地上，手中只留一个子儿作为头儿。往上抛出头儿，随即抓取地上的子儿，再翻手接住落下的头子儿。正是古人谓"且掷且拾且承"。另外，还有几种抓子儿的方法，如织子儿、跳子儿、连子儿等。

游戏是从发子儿开始的，常常是用"石头、剪刀、布"的方式确定先后顺序，或者用翻子儿的方式来确定，即将几颗子儿由手心翻到手背，谁翻的子儿多谁先玩。

老北京的玩法一般是由易到难，开始先玩抓一、抓二、抓三、扣四。

抓一：将五子儿撒在地上（或炕上、床上），拾起其中一子儿，将它向上抛起时去拾地上的一颗子儿（不准碰别子儿），再接空中落下之子儿；握一子儿同时向上抛手中另一子儿，去拾地上第二颗子儿，再接空中落下之子儿；地上第三颗、第四颗亦如前法。

抓二：五子儿抛地，拾起其中一子儿，将它向上抛起时去拾地上两颗子儿（不准碰别子儿），再接空中落下之子儿；握手中二子儿，抛起一子儿，去拾剩下的地上二子儿。

抓三：五子儿撒地，拾一子儿抛起后抓起地上三子儿，接住空中落下之子儿；握手中三子儿，抛起一子儿后拾地上一子儿，接空中落下之子儿。

扣四：手握五子儿，抛起一子儿后，四子儿扣地，接空中落下之子儿；再抛起手中一子儿，去拾地上四子儿，接空中落下之子儿。

飞一、飞二、飞三、飞四、飞五难度逐渐增大。

飞一：五子儿撒地，拾抛起一子儿，再拾地上一子儿后接空中落下之子儿；抛起手中二子儿，拾地上一子儿后接空中落下二子儿；余类推。

飞二：五子儿撒地，拾抛起一子儿，再拾地上二子儿后接空中落下之子儿；抛起手中三子儿，拾地上二子儿后接空中落下三子儿。

飞三：五子儿撒地，拾抛起一子儿，再拾地上三子儿后接空中落下之子儿；抛起手中四子儿，拾地上一子儿后接空中落下四子儿。

飞四：抛起手中四子儿，放一子儿于地上，接空中落下四子儿；再抛起手中四子儿，拾地上一子儿后接空中落下四子儿。

飞五：将手中五子儿同时抛起，手掌拍地后再接住空中落下之五子儿。另外，还有"三角儿""四角儿""跳河""飞河"等不同玩法。比赛规则是谁先抓完规定的项目，谁为第一。

## 丢沙包：辗转腾挪躲来袭

在过去，丢沙包是孩子们喜欢玩的一种游戏，这个游戏运动量特别大，既要能抗击打，还要眼观六路、耳听八方，练就腾挪躲闪的功夫。20世纪七八十年代，在儿童中普遍流行，课余饭后，小伙伴们都喜欢玩这个游戏。

### 渊　源

丢沙包，也叫砍包，是20世纪七八十年代比较风靡的儿童游戏之一，如今，随着经济发展和娱乐方式的增多，丢沙包这种游戏正渐渐淡出孩子们的视线。

丢沙包比较适合高年级的男孩女孩一起玩。沙包里面一般装的是五谷杂粮，有的装大黄豆，有的装沙子。游戏规则是两边分别站一个人或几个人，中间站一个人或者几个人负责接沙包，就是两边向中间扔沙包，中间人能接住最好，接不住就躲。接住一次就少了一次被打中的机会。

丢沙包游戏能锻炼臂力，瞄准能力，锻炼孩子们的手眼协调

**各种颜色的沙包**

力，培养敏捷的反应能力，是一项特别有益的游戏活动。

## 流　程

沙包的制作方法非常简单，过去农村家中常用的五谷以及沙子、米等，均是用来塞入沙包的好材料。只要先缝好一个长方形或正方形的布袋，将沙子或五谷放入布袋后缝住袋口就可以了，但不要塞太多。沙包的大小依自己的喜好而定。

沙包有几种玩法。一种是拽包。玩的时候在地上画两条线，一群孩子站在两条线之间的位置，另外一拨孩子则站在线外，把沙包拽向中间的人。如果谁被击中，就得下去站在一旁。沙包在两头拽来拽去，有时速度很快，中间的孩子们则辗转腾挪，躲闪着拽过来的沙包。一些身手敏捷的孩子，还可以伸手抓住沙包，一旦抓住，就获得了"一条命"，可以让刚才被击中等在旁边的同伴上来继续游戏。何时所有的人都被击中，双方就可以交换位置了。

沙包还有一种玩法，叫作夹包。这通常由两个人对垒。在地上画一条线，两个人分别站在线的两边，用脚尖夹住沙包，跳起来后把沙包甩向对方一侧。当然，甩得越远越好。一旦对方往回夹的时候过不了线，就算输了，于是换人重新开始。这个游戏虽然很简单，但是也有一定的技巧。夹包时既要能夹着沙包跳起来，还要把沙包远远地甩出去，动作必须十分协调。

还有一种玩法也很常见，先在晒坪或空地上画好一个大圆圈，将参与者按抽签的方法分成甲乙两组，一组站在圈外，一组站在圈内。毫无疑问，圈内的人已被团团围困。圈外的人一声令下，纷纷将手上的沙包扔向圈内的人。如果击中圈内的人的脚部，被击中的人便要淘汰出局，必须走出圆圈。直到最后一个人被击中淘汰为止，最后两组互换，游戏重新开始。

# 跳房子：蹦蹦跳跳欢乐多

跳房子也称跳方阵、跳方格、跳格子，在我国香港地区称为"跳飞机"。跳房子是我国民间传统的体育游戏之一，趣味性、娱乐性极强，曾深受广大儿童的喜爱。在20世纪50年代至80年代相当普遍，那时的孩子在一块空地上，只要有一根粉笔或树枝，画起"跳房子"的九个格，就可以一起愉快地玩。

## 渊　源

跳房子是我国传统游戏，但不是起源于我国。跳房子最早起源于罗马帝国时期，最初的游戏规模有300米长，主要用于罗马步兵的军事训练。后来，罗马的孩子们开始模仿军队的这种训练，在他们自己的球场画线扔石，并且添加了一个评分系统。之后，跳房子游戏风行整个欧洲，并逐渐成为一种世界性的儿童游戏。罗马时代遗留下来的镶嵌式地面上就曾经发现类似跳房子的图案。

在我国，跳房子游戏始于清代，它不仅能提高儿童跳跃、奔跑和保持身体平衡的能力，还能培养他们团结协作和锻炼身体的意识。

20世纪七八十年代，跳房子是女孩子们经常玩的一种游戏。用一只沙包（或者一块瓦片）作为游戏

**邮票上儿童在玩跳房子游戏的画面**

的辅助物，先把沙包扔到指定的地点，然后蹦蹦跳跳，把沙包（或者一块瓦片）拾回来便大功告成。

这是最廉价的一种游戏，各地所跳的"房子"样式和跳法各异，它不受地域的限制，只要在地上画一个个长方形，随自己的意愿串在一起就可以玩了。

跳方格需要儿童单脚跳、双脚跳和单双腿交替跳。跳方格游戏不仅变化多样，具有浓厚的趣味性，孩子会很喜欢，而且在跳的过程中能促进儿童基本动作的发展，对儿童平衡能力和协调能力的提高都有很好的作用。

## 流　程

跳房子游戏的成本很低，玩的时候，只需要一块相对平整的地面，一个粉笔头或者比较硬一点的能在地面上画出痕迹的东西，还有小瓦片或石块、砖块等。游戏开始前，先在地面上画出大小适中的方格状的房子，区分出方格和半圆之间的轮廓。房子里的格子组合可自由设计，再由近至远依序写上数字，所画房子的形状和数量也有差异，有六格房、九格房等。跳房子游戏有单人跳、双人轮换跳、多人轮换跳和多人分组跳等多种形式，没有参加人数的限制。

游戏开始后，在距离第一格适当位置处，画一条线作为起跳点，然后大家猜拳排定跳的顺序。

第一个人站在起跳之处，将小石块或小瓦片设法丢进数字1的格子里，丢进去就可以开始跳。小石块或小瓦片一定要丢进方格子里才有资格起跳，不然是连跳都不能跳的。

单脚（另一只脚弯起）跳进数字2的格子，然后依格子数一直单脚跳到最后的格子。跳的过程中弯起的脚不可以落地，一落地就是违反规则，不能再跳，只能等下一轮。但是途中如果经过并排横列的格子以及终点时，可以双脚着地休息。

然后，以单脚跳方式由终点再依序往回跳。

跳回到格子2时，弯身捡起格子1中的小石块，接着再依序跳回起点。

接着再将小石块丢向数字2的格子里，丢进了就重复第一次的动作，若没丢进或是犯规就换下一个人玩，以此类推，由近及远，依次向前。

如果石块或是脚，不小心越界或压在线上，就算犯规，必须停跳，让给下一个人，等又轮到自己时，再从犯规的格子继续跳下去。

等全部格子跳完之后，就有权利盖"房子"了。方法是背向把小石头或小瓦片掷入任何一个空格内，该"房子"即属于你，写上自己的名字或代号之后，其他人在跳跃前进时就须跳过此格，不可以落脚在你的"房子"内，但是家的主人却可以两脚并立。

全部"房子"都被盖完之后，拥有最多间"房子"的人就算是大赢家了。

## 撞拐：金鸡独立勇者胜

"撞拐"俗称"斗拐""斗鸡"，是一种对抗项目。参与者先站定，然后各自用双手搬起右腿或者左腿，使小腿呈50至60度弯曲平端而起。另一条腿则单腿蹦跳，以搬起的腿的膝盖撞击对方，直至对方松手或倒下。"撞拐"可以两人决斗，也可以分帮对垒，双脚接触地面者为输。在分帮对垒中，都要机智、敏捷、沉稳、勇敢，这是决胜的关键。

### 渊　源

撞拐历史悠久，起源已无从可考。也有学者考证，撞拐是由古代民间一种求雨仪式演变而成，《说苑·辨物》中说，春秋时，齐国儿童有一种模仿一足鸟商羊跳跃祈雨姿势的巫术仪式，"昔童儿有屈一脚振臂而跳，且谣曰：'天将大雨，商羊鼓舞'。"并引孔子的话说："此鸟名商羊，水祥也。"由于一足鸟商羊跳跃能使天降大雨，所以让孩子们模仿其动作在冬春

儿童摔跤和玩撞拐类似

时行此巫术，以期望不发生春旱。随着岁月的流逝，这一古老巫术逐渐演变成撞拐这一儿童游戏了。

还有一种说法，认为撞拐来源于中国5000年前的民间假面舞蹈——蚩尤戏。据古文献梁《述异记》载："秦汉间，蚩尤氏耳鬓如剑戟，头有角，与轩辕斗，以角抵人，人不能向。今冀州有乐，名蚩尤戏，其民两两三三，头戴牛角而相抵。"蚩尤戏是流行于中国古代北方农村的民间竞技，表演者头上戴牛角头套，主要动作以角抵人，所以又称"角抵戏"。蚩尤戏既是中国戏曲的雏形，也是中国杂技、武术的雏形，它几乎是中国民间各种运动形式的起源，因此，有人认为撞拐就是一种运动形式，就是由蚩尤戏衍化而来，在民间以儿童游戏的方式流传。

至今，撞拐这一游戏的起源还有待专家考证，不过，蚩尤戏之说可以作为其起源的参考。蚩尤戏既是中国戏曲的雏形，也是中国杂技、武术的雏形，换言之，它几乎是中国民间各种运动形式的起源。

在清朝末期，撞拐在燕京、冀中一带尤其在孩童中广为流传。五四运动以后至20世纪五六十年代，由于生活水平较低，儿童玩具匮乏，撞拐在全国各地儿童活动中广为普及。

由于其源自生活，简单易学，容易开展，对场地等条件要求都较低，所以成为一项非常容易推广、深受青少年喜爱的运动。如今，这项游戏在中小学校活动及各类娱乐节目中广泛普及。

## 流　程

撞拐的基本规则是：画一圈形场地，两人拉开1米以上的距离，双双站定，然后，各方用双手搬起自己的右腿或左腿，金鸡独立。另一条腿则单腿蹦跳，铆足了劲儿，以搬起的腿的膝盖相对碰，撞向对方，但不可用手去推拉。这是一种冲锋式的冲撞，撞一次不行，两次；两次不行，三次；直至把对方搬腿的手撞开至双脚

课间操场上，孩子们在玩撞拐游戏

着地或将其身体撞倒在地，再或者将对方撞到场地外，方为获胜。

撞拐除两人对撞外，还可以三人进行，甚至可以多人混斗。三角撞拐是由二人对撞发展而成的。三人鼎立，甲攻乙，乙攻丙，丙攻甲，不得乱撞乱攻。因此，游戏者既要尽力去攻击别人，又要随时提防另一人的袭击，饶有趣味。最后，以击败对手为胜。

# 翻绳：翻出花样乐趣多

翻花绳是流行于20世纪六七十年代和八十年代的儿童游戏。在中国不同的地域，有不同的称法，如线翻花、翻花鼓、挑绷绷、解股，等等。这是一种用细绳或细线玩的游戏，只需灵巧的手指，就可翻转出许多花样。翻绳游戏常见玩法需要两人合作，这样可以增进伙伴友谊，培养孩子们的合作精神，更能进一步培养孩子们的自信心和自制力。

## 渊　源

翻花绳是中国民间流传的儿童游戏。

翻花绳时，一方用一根绳子结成绳套，一人以手指编成一种花样，另一人用手指接过来，翻成另一种花样，相互交替编翻，直到一方不能再编翻下去为止。这个游戏最大的乐趣在于翻出新花样，展现自己的聪明才智。

翻绳游戏，主要是依靠手指来操作。每一个造型图案，需要手指完成撑、压、挑、翻、勾、放等一些精微的动作，需要左右手配合一致，需要每根手指巧妙地分工。在这一过程中，手指、手腕、双侧肢体的灵活性、精确性和实际操作能力，都得到不同程度的发展。许多科学家也都证实，手与脑之间有着千丝万缕的联系，手指的动作越复杂、越精巧、越熟练，就越能促进脑神经的发育。

## 流　程

翻绳游戏，最常见、最快意的玩法是两人轮流翻，每人翻一次，就能出现一个新的花样。开始的时候，取粗细适中的棉线或毛线，长度半米左右，将绳两头打结，做成绳圈即可。

游戏的玩法是先打个小巧的结，环绕于单手或双手，然后撑开，准备动作就做好了。

翻花绳分单人和双人两种。

单人的玩法，将绳圈套在双手上，用双手手指或缠或绕或穿或挑，经过翻转将线绳在手指间绷出各种花样来。

双人的玩法，一人以手指将绳圈编成一种花样，另一人用手指接过来，翻成不同的花样，相互交替，直到一方不能再翻下去为止。

# 摔泥锅：摔破泥锅赢泥巴

摔泥锅是用红胶泥或黄土和好泥后捏成小锅、小罐等形状，对着泥锅内吹口气，大喊一声："喔！"随即将泥锅举起使劲往地面一摔，听到"叭"的一声响，锅底破裂出一洞，对方则用自己的泥补破损的锅。为获得摔锅破大洞的效果，往往要将锅底部捏得很大很薄。一来二去，其中一方有时会输光泥巴。这是男孩子们喜欢玩的一种游戏。

## 渊　源

摔泥锅是在过去的农村地区流行的一项传统游戏，也叫"摔泥窝"，有的地方又叫"摔破锅"，因游戏中用泥土制作的"模具"形状像窝头或小饭锅，故称泥窝或泥锅。那时，在村里村外、田间地头、路边场院，只要有胶泥土的地方即可就地取材，孩子们随时随地就能玩。

捏泥锅是门"手艺"活，输赢全在泥锅捏得好坏上，泥锅要捏成凹形，底部要尽量大和薄，锅边越深越好。摔的时候尽量让锅圈同时落地，利用锅内空气的压力将锅底"炸"开个大洞。然后按照两人事前约定的先后顺序，一方给另一方用泥修补锅底的洞，摔出来的窟窿越大，赢来的泥巴就越多，这样一来二去，看谁先把对方的泥巴都赢过来。

## 流　程

摔泥窝游戏要经过几个流程才能完成。

开始游戏之前，首先选择凝聚力较强而且洁净的红胶泥土，然后如同和面一样把泥团和得不稀不稠，再反复在硬地上摔打数次，以增强泥团的凝聚力和韧性，俗称把泥"摔熟"，再后，像蒸窝窝头一样，把泥团做成顶部较薄的不带尖的泥窝窝，形如半个皮球，泥窝窝就算做好了。

然后双手再沾些细土，用一只手托住泥窝窝，做好开摔准备。

胶泥不仅可以用来摔泥锅，还可以用来捏泥人

摔，是成败的关键一步，开摔时，要将泥窝窝稳稳当当地端在手掌上，锅口朝上，用精确的眼力选准平硬的地面，随后挺胸扬手，将泥窝窝高高举起，旋即手掌急速向下翻转180度，垂直地把泥窝窝猛力摔向地面，泥窝窝顿时"噗"或"啪"的一声而"爆炸"，大大小小的泥块向四处喷溅，到此，一次摔泥窝算完成。

# 跳山羊：双腿岔开一跃过

跳山羊是一种将冲刺跑与跳跃相结合的全身运动，在奥运会体操项目里叫"跳马"。游戏以跑、跳动作为主，简单易行，既能锻炼身体，又能培养果断决事的能力，很受孩子们的欢迎，也是体育课的必备项目。

## 渊 源

跳马是现在非常普及的一项体育运动，各种国际比赛甚至是最高规格的奥运会都有这项比赛。20世纪七八十年代，流行于农村胡同里的跳马，是孩子们自我开发、自我参与的一项游戏。不叫跳马，而叫"跳山羊"。玩的时候孩子们依次排开，隔一定距离站一个孩子，然后各低头弯腰用胳膊支撑在膝盖上扮作"山羊"。于是第一个孩子从远处助跑过来，双手按在"山羊"背上，双腿岔开一跃而过。再跑几步，再跃过下一个"山羊"，直至跃过全部"山羊"，然后自己再跑几步，也弯下腰来扮作"山羊"，后面的孩子依次跳跃，依次做"山羊"，从胡同的这头一直跳到胡同的另一头，掉转头来再继续跳。

老杂志中的跳山羊游戏

16世纪尼德兰绘画中的跳山羊场景

2017年，有媒体报道，因担心意外伤害，诸如"跳山羊"、单双杠等稍具风险性的运动项目正悄悄退出中小学体育课堂。

## 流　程

跳山羊主要有两种玩法：

一人跳多个"山羊"。参加者排成一列，除队尾一人外，全部做"山羊"，队尾一人从后向前依次排列的"山羊"上面一一跳过，然后在排头做"山羊"。其余人照此例，依次从队尾跳至排头做"山羊"。

多人跳一个"山羊"。一人做"山羊"，大家从其背上跳过，跳一轮，"山羊"高度由低向上升一次，跳不过者与"山羊"交换位置。

动作要领是，有节奏的逐渐加速助跑，单跳双落，积极摆臂踏跳，含胸、紧腰，两臂主动前伸，向下撑"山羊"并用力快速顶肩推手，同时稍提臀，两腿侧分，有意识地下压制动，两臂顺势上举、起肩、抬上体、挺身，接着迅速并腿，前伸落地。

# 打瓦：击壤演变儿童戏

打瓦是我国北方部分地区的一种传统游戏，过去农村的青少年都喜欢玩。打瓦包括站着打、蹲着打、把瓦片放在脚上打等。它体现着进攻防守、瞄准打靶、争优取胜的乐趣与精神。20世纪80年代的中小学生玩过的人很多，现在很少见到孩子们玩了。

## 渊　源

打瓦游戏起源于远古时代，当时的名字叫击壤，击壤如果从传说中的"尧"算起，到现在至少有四千年的历史了，传说在尧时期十分流行。近代皇甫谧的《高士传》中记述了尧时存在击壤游戏，说尧出游于田间，路遇"壤父"击壤于道旁，一边击壤还一边歌唱。可见，当时，连老人都有闲情逸致玩游戏。

"击壤"的"壤"不是土。三国魏邯郸淳《艺经》中载："壤以木为之，前广后锐，长尺四，阔三寸，其形如履。将戏，先侧一壤于地，遥于三四十步以手中壤敲之，中者为上。"明王圻、王思义的《三才图会》中也有同样记载，说明击壤在古代是分高下、力求准确的一项投掷运动；"壤"是用木头制作的块状物，形状是前宽后窄，很像一个鞋底。

击壤到了明清时期有了新的发展，演变为现在的"打瓦"，据《儒林外史》第二回描述："那些孩子就像蠢牛一般，一时照顾不到，就溜到外边去打瓦踢球，每日淘气不了。"

清代道光时期吴文征所绘《击壤图》（局部）

打瓦这种游戏全国各地的玩法不同，一般打瓦需要的东西就是几块瓦片，然后一帮孩子就可以开始游戏了。

## 流　程

打瓦游戏的一般玩法为：

开始前，先在地上画两条间距为4米的线，"石头剪刀布"决输赢分出先后以后，一方的人将瓦直立在线上，另一方的人站在对面的线外，开始按每轮的"名堂"进行。

首先是站在线外直接打瓦，名为"锵钛"。打倒后紧接着是"一步代"，意即将瓦扔出一大步。玩者一只脚踩在瓦上，在另一只脚不落地的同时单脚跳开，用踩过的瓦在瓦的原地画一"十"字，然后再单脚踩住，打倒对方的瓦。

"二步代"比"一步代"多迈一步，打法相同。

"三撺疤"为迈三步，单脚立地，打倒对方的瓦后，不管它滚多远，都要撺三个疤后再够回来，把它支在线上，使之如鼻子状。

"四鼻子"为迈三步，第四下打倒"鼻子"，再支成原状。

"五蹴"为迈四步单脚"蹴"自己的瓦打倒对方的瓦。

"六扒"是将瓦扔至对方瓦的后面，迈五步踩住自己的瓦向后扒，将对方的瓦打倒。

"七拜年"是将瓦平摆在自己的手背上，迈六步，再翻手背打。

"八骗马"最火，在口中念"张飞骗马，一个顶俩"的同时，将瓦从"骗"起的一条腿间扔出。

"九鞠躬"是把瓦平放在头顶上，向前迈八步，最后低头打。

"十后仰"也是将瓦顶在头顶上，只是要走到瓦的后面向后仰头打。

打瓦时，每块瓦都须凿成手掌大小的圆形，每人须有两三块，尤其是当进行到"三撺疤"时，喜欢恶作剧的孩子常常要狠砸几下，将瓦片砸碎。

除此之外，在我国北方部分地区的打瓦还有其他玩法。各地打瓦的动作可谓五花八门。

## 跳皮筋：通过一关长一节

在过去，跳皮筋是女孩子们喜欢玩的游戏之一，也是农村、城镇，胡同、学校里面最常见的游戏。那时孩子们的皮筋，都是日常生活中寻找、积攒起来的。把皮筋连在一起，结成一根长长的弹性很好的绳子，然后两腿编着花儿从皮筋上跳来跳去，现在想来也是一幅天真、充满童趣的画面。

## 渊　源

跳皮筋，也叫跳橡皮筋、跳橡皮绳、跳猴皮筋，约流行在20世纪50至80年代，时至今日，仍有孩子们喜欢玩。现在的皮筋，一般是用橡胶制成的有弹性的细绳，长3米左右，皮筋被牵直固定之后，即可来回踏跳。可三人至五人一起玩，亦可分两组比赛，边跳边唱非常有趣。先由两个人各拿一端把皮筋抻长，其他人轮流跳，按规定动作，完成者为胜，中途跳错或没勾好皮筋时，就换另一人跳。跳皮筋有挑、勾、踩、跨、摆、碰、绕、掏、压、踢等10余种腿部基本动作，同时还可组合跳出若干个花样来。

## 流　程

"跳皮筋"通常是多人游戏，起码得由两人当拴皮筋绳的"桩子"，将一根长约三至五米用橡皮筋连成的弹性很强的绳索抻直，另一个人在皮筋上跳；也可以用相邻的两棵树干当"桩子"，这样一个人就可以玩了。

橡皮筋绳是由从商店里买的直径约5至10厘米的环状皮筋一个套一个连接而成的，透明皮筋称"牛筋"，弹性好，不易老化断裂；不透明的称"猴筋"，易断裂，但价格便宜些。也有人用长松紧带作为替代品。那时候，许多女生的书包里都会有鼓鼓囊囊的一大团皮筋绳。

跳皮筋时，先根据参加人数决定先后顺序，赢得优先权的便开始跳皮筋了。只要跳皮筋的人不乱阵脚、不踩筋、不出错，就可以一直跳下去，直到跳完一整套后算赢家。若中间出错则被罚下去当"桩子"，或站到一边等，由别人上来跳。就这样，大家轮流跳，互相比，看谁跳的时间长，看谁的技巧高。

跳皮筋除了单人跳，还有双人跳和多人跳，这时需有良好的团队意识和协同配合能力。

过去农家的孩子在玩跳皮筋

和跳皮筋相关的歌谣很多，这里仅举几例：

小皮球架脚踢，马莲开花二十一，
二五六、二五七、二八二九、三十一，
三五六、三五七、三八三九、四十一，
四五六、四五七、四八四九、五十一，
五五六、五五七、五八五九、六十一，
六五六、六五七、六八六九、七十一，
七五六、七五七、七八七九、八十一，
八五六、八五七、八八八九、九十一，
九五六、九五七、九八九九、一百一。


周扒皮，会偷鸡，半夜起来学公鸡，
我们正在做游戏，一把抓住周扒皮。


橡皮筋，脚上绕，绕在脚上跳呀跳。

像飞雁，似小鸟，先跳低来后跳高。

跳过山，跳过海，跳过祖国台湾岛。

见亲人，小同胞，同跳皮筋同欢笑。


马兰花，马兰花，

风吹雨打都不怕，

勤劳的人们在说话，

请你马上就开花，

就开花。


花、花、花仙子，

为什么叫她花仙子，

因为她有花瓣子，

所以叫她花仙子，

花仙子。

## 踢毽子：盘磕拐蹦健身体

踢毽子是儿童常玩的游戏之一。过去，毽子通常是自己制作，很少有人去买现成的。通常是用几枚铜钱、几根鸡毛、一块布头就可以做毽子。那时孩子们都能踢几下。小一点的孩子踢得不利落，父母还会把毽子上面拴一根细绳，让孩子提在手里踢。如今，踢毽子也很常见，公园里还有成人在玩这个游戏呢。

## 渊　源

踢毽子，起源于汉代，至今已有两千多年的历史了，是一项简便易行的健身活动。

小孩子踢毽子图

根据史料记载，踢毽子在唐宋时期开始盛行，当时，集市上还出现了专门制作、出售毽子的店铺。唐初，《高僧传》中就记载："沙门慧光年方十二，在天街井栏上，反踢蹀（毽子），一连五百，众人喧竞异而观之。"至宋代，更为普及，技巧翻新。宋代高承《事物纪原》中记载："今时小儿以铅锡为钱，装以鸡羽，呼为毽子，三四成群走踢，有里外廉、拖枪、耸膝、突肚、佛顶珠、剪刀、拐子各色，亦蹴鞠之遗事也。"

明清更风行踢毽子，技艺也更高，潘荣陛《帝京岁时纪胜》记载："手舞脚踏，不少停息，若首若面，团转相帮，随其高下，动合机宜，不致堕落。"明代进士刘侗在《帝京景物略》中写道："杨柳儿青放空钟，杨柳儿死踢毽子。"踢毽子已成为民谚的内容，而且发展到数人同踢的技巧运动。至清末踢毽子活动已达到鼎盛时期，参加的人越来越多，一些人以会踢毽子而自荣。当时就有这样的童谣："一个毽儿，踢两半儿，打花鼓，绕花线儿，里踢外拐，八仙过海，九十九，一百。"说明踢毽子已经到了相当普及的程度。1935年的第六届全国运动会，曾把踢毽子列为国术比赛项目。

20世纪30年代后，踢毽运动曾一度衰落。中华人民共和国成立后，大力扶植发展中国这一传统运动项目。1950年，北京市吸收街头踢毽艺人参加杂技团，专设踢毽子节目，并出国进行表演，受到了国外观众的热烈欢迎。1963年，踢毽子同跳绳等一起，被列入国家提倡开展的体育活动，并被编入了小学体育教材加以推广。目前，毽球运动已成为在全国普遍开展的热门项目。

毽子以鸡毛毽为多，亦有以绒线、皮毛等插于圆形底座上制成者。基本动作为盘、磕、拐、蹦四种，不需要专门的场地、设备，简单易行。

## 流　程

毽子的种类可分为鸡毛毽、皮毛毽、纸条毽、绒线毽等几种。散文家汪曾祺就自己动手做过，他在散文《踢毽子》中说道："我们小时候踢毽子，毽子都是自己做的。选两个小钱（制钱），大小厚薄相等，轻重合适，叠在一起，用布缝实，这便是毽子托。在毽托一面，缝一截鹅毛管，在鹅毛管中插入鸡毛，便是一只毽子。"

在古代，毽子一般用禽类羽毛和金属钱币做成。发展至今，毽子制作的种类繁多，除沿用古代的办法，一般来说还有四种。

其一，用橡胶制作毽座，含毽底和毛筒一次成型，在毛筒上套金属片和塑料片，在毛筒中插上鹅毛或其他禽类羽毛制作的现代工业化生产的羽毛毽，大致可分为大毽、中毽、花毽和毽球毽。

其二，用金属片为底，以纸剪成各种花色缨的手工制作的纸毽。

其三，以各种色布条为缨，以大纽扣为底做的手工布毽。

其四，以塑料做成的各色装饰性毽子。

在一般日常的踢毽活动中所使用的毽子，按照外观尺寸来区分，大致可以分为大毽、中毽、花毽和毽球毽。大毽是供一般初学者和平时娱乐所用。中毽使用范围最广，既可用于娱乐，也可用于比赛。花毽的装饰性最强，使

清代宫廷画家焦秉贞所绘图画中有儿童玩毽子的画面

用的羽毛品种繁多，包括鹅毛、鸡毛、鸵鸟毛，等等。毽球毽飞行速度最快，其羽毛短小、高度很低，一般使用鹅毛制作，只在毽球比赛中使用。

踢毽子的基本玩法有盘、磕、拐、蹦四种。一是盘，主要指用两脚内侧交替踢。二是磕，主要指用膝盖将毽子弹起。三是拐，主要指用脚外侧反踢。四是蹦，主要指用脚尖踢。

我国各地、各学校都会举行形式多样的踢毽子比赛，基本有两种：一是比踢的次数，二是比踢毽子的花样和难度。在此基础上，有单人踢和两人对踢，也有集体踢或传踢。

开展最广泛的是计时踢毽子，即在一定时间内，以个数为单位，累计单人踢毽子个数。

# 天下太平：儿童猜拳写大字

"天下太平"这个游戏很简单。两个人，面对面蹲在地上，各自在面前画一个大点的田字格，就可以开始游戏了。开始的时候，先用"石头、剪刀、布"，猜拳定输赢。谁赢了，就可以在面前的格子里面写下一笔，看谁能先把"天下太平"四个字写完，就是谁赢了。游戏虽然简单，但在过去，孩子们玩得津津有味。

## 渊　源

"天下太平"是一种儿童猜拳写字游戏，多见于20世纪七八十年代，与打沙包、跳皮筋同时代。参与者一般为两人及以上，这游戏随时可玩，随地捡根树枝就

**过去的天下太平雕花钱**

可就地玩，双方先在各自面前地上画一个田字格，然后猜拳，嘴里一般会喊着"天下太平，你输我赢"，获胜的一方可以在自己的田字格内写上"天"字的第一笔，之后再进行猜拳，依次类推，直到一方首先写完"天下太平"四个字获胜为止。

## 流　程

"天下太平"一般是两个人玩。在地上各画一个田字格，准备在四个格里各写一个字。之后，二人同时喊"天下太——平"，"太"字要拉长音。当"平"字一出口，手里马上出"石头、剪刀、布"，不准耍赖，谁赢了谁就在自己的方格里写出"天"字的第一笔：一横。接着再喊"天下太——平"，手出"石头、剪刀、布"。直到田字格写满"天下太平"为止。有时，也可以三个人一块玩。谁最先写完"天下太平"谁就是胜利者。剩下的二人，也要决出亚军和季军。

# 拔老根儿：一片树叶乐趣多

拔老根儿，是过去小孩子秋天喜欢玩的一种极简单的游戏。秋风吹起，树叶落下，杨树叶子又宽又大，叶梗都比别的树叶大。拔老根儿的那个"老根儿"，是指杨树叶的叶梗。捡拾起一片叶子，撸去叶子，剩下叶梗，然后和小朋友的"老根儿"交叉地套在一起，互相用力拉扯着，谁的老根儿先断谁就输了。那时，一片树叶便能给孩子们的生活增添无尽的乐趣。

## 渊　源

拔老根儿又称斗草、斗百草，在周代已有这种游戏，《诗经·周南·芣苢》中就讲到斗百草。清人翟灏《通俗编》卷三十说："申公《诗说》以《芣苢》为儿童斗草嬉戏歌谣之辞，则周初已有此戏。"《芣苢》全诗为："采采芣苢，薄言采之。采采芣苢，薄言有之。采采芣苢，薄言掇之。采采芣苢，薄言捋之。采采芣苢。薄言袺之。采采芣苢，薄言襭之。"

芣苢即车前子草。直至汉代，斗百草也是儿童爱玩的游戏。

到了南北朝，斗百草在南方已演变为节日的风俗。每年端午节，民间百姓除了食粽子、饮雄黄酒、举行赛龙舟，还形成玩斗百草的习俗。斗百草游戏之所以受欢迎，最初是因为古俗认为五月为恶月、毒月，必须采集百草来解厄，以渡过难关。到了六朝后期，斗百草逐渐成了一种中国游戏习俗。

到了唐代，斗草更带有一种"赌"的色彩，唐人斗草的方式大概有两种：一种是延续了武斗，比试草茎的韧性，带有赌博的色彩，另外一种则是采摘花草，互相比试谁采的花草种类最多。

在唐代，斗草不仅仅是妇女儿童的最爱，成年男子也喜欢玩，李商隐就写过一首诗："昨夜双钩败，今朝百草输。"还有诗云："如何斗百草，赌取凤凰钗。"成年男人玩斗草和女子、孩子不同，他们是当成赌博的一种来玩的，在斗草之前要用物品或金钱来做赌注，赌一定的财物。到了宋朝，宋代人斗草除了在端午节，在春社及清明也有斗草活动，这些都有诗为证。苏东坡有一句诗，就是说收集斗百草的。"寻芒空茂林，斗草得幽兰。"可见，玩者为了收集到更多的花草，常常要寻遍山川草野。

清代改琦《斗草图》（局部）

唐以后，斗草演变出专属妇女的斗花比赛。上至宫廷贵妃，下至乡野村妇都热衷参与。有意思的是，民间男女往往借此机会，自由交往，选择心目中的情人。斗百草后来发展成为插花等装饰艺术。如今，斗百草之俗仍在南方某些地区流传。

综上，斗百草分文斗与武斗。所谓文斗，即是用嘴说花草名，说的花草名多、名称好听者为胜，很高雅；而武斗实为比赛，双方用草的韧劲儿决胜负。春夏多用大耳头草（车前子），秋天用杨树叶的叶梗作为斗草工具。斗百草在东北称为"勒筋儿"，河北省叫"拉根儿"或"拉钩儿"，京津一带则曰"拔老根儿"。

## 流　程

古时端午斗百草，武斗的大都是儿童。清朝，宫廷画家金廷标画了一幅《群婴斗草图》，画的就是清代一群孩子在湖石花草丛间斗草嬉戏。此画上有乾隆皇帝的题诗及落款，题款时间是乾隆二十九年农历五月五日端午前。

近现代的拔老根儿，一般是杨树叶子的根儿。因为年长杨树树叶的根儿大、结实，拔的时候不容易折，故以"老"称之。为让老根儿结实，首先得找老杨树的叶子，因为其根宽大，结实；之后，把这些老根儿用温水浸泡一下，再放到阴凉处晒干，最后还得放到鞋垫下踩上三五天，这样老根儿就会变得颜色更深、更结实了，拔的时候不容易折断。

两个孩子每个手里各拿一根，交叉并套在一起，对拉，被拉断者为输。有的老根儿能连拔二十多次还不断，这就被小孩们尊称为"宝根儿"了。

清代金廷标绘《群婴斗草图》

# 第二章 儿童玩具类老玩意儿

玩具在古代叫"玩物"，汉代已出现。玩具市场到宋朝才真正形成。明清时期，玩具被称为"耍货"。时代在进步，社会在发展，儿童玩具也在不断更新换代。遥控玩具、智能玩具、电子玩具等时尚玩具已经进入儿童的生活，曾经陪伴过去的孩子们童年时代的火柴枪、不倒翁、竹蜻蜓、布老虎、毛猴等传统玩具在现今孩子们的玩具品类中越来越少见了。

# 火柴枪：一呼百应孩子王

火柴枪对于众多"60后""70后"来说再熟悉不过了，因为那是当年孩子们最得意的装备，在那个物资匮乏的年代，男孩子们能拥有一把能打响的火柴枪，几乎是他最得意的"宝贝"，那种对枪支的热爱，是现代孩子们感受不到的。

## 渊　源

火柴枪就是用火柴当作子弹来玩的手工玩具枪。又称链条枪、洋火枪，因为主要的配件用的是自行车链条，所以也称链条枪。前些年中国因为自己制造不了火柴都要从外国引进，所以火柴被称为洋火，所以有"洋火枪"的叫法。

火柴枪诞生于20世纪80年代，发明者是一名3年级的胡姓小学生，是在当时青岛第四砖瓦厂宿舍又名299号大院里发明的，流传至今。火柴枪是中国社会在经过长年战乱之后，普通百姓对于战争时期烙印影响的一种表现。

火柴枪这种玩具本身的威力非常小，还没有一把弹弓的威力大，它是利用火柴头上的那一点氯酸钾被外力撞击产生爆炸的原理制作的，虽是爆炸效果，但只放一两根火柴，其发出的响声像小号鞭炮一样，威力并不大。

2008年3月1日，公安部发布实施的《枪支致伤力的法庭科学鉴定判据》规定，未造成人员伤亡的非制式枪支致伤力判据为枪口比动能≥1.8焦耳/平方厘米。火柴枪如果只是以火

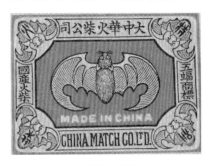

民国时期的火柴牌子

柴为动力，不进行改造，并没有问题。所以，购买火柴枪和自制火柴枪当玩具玩还可以，如果加以改造，那就容易触犯法律了。

## 流 程

火柴枪是由自行车零件构成的玩具。铁丝拧成的枪架上，串着若干自行车链扣。链扣的另一个孔供枪栓活动。最前端的链扣需要打入一枚自行车辐条顶端的螺帽，以恰好留出一个火柴棍大小的孔。

整串链扣和枪栓分别用从自行车内胎剪下来的橡皮筋箍好，使用时掰开最前端的链扣，将火柴棍塞入螺帽形成的孔并向外拉出，而火柴头上的火药则留在螺帽内。扣动扳机，枪栓高速撞击火柴头的火药，从而产生响声和烟火。

自制火柴枪，一般需要自行车链条8到10节、自行车辐条螺帽1枚、橡皮筋（或自行车内胎）数根、粗铁丝（比自行车链条孔稍细）适量。

制作步骤是，先用榔头和钢钉将单车链的链轴敲出，要8到10节链条。然后取一枚自行车辐条螺帽，将螺帽身部用锉刀锉细，帽身直径应稍大于链条孔径。接着将锉好的螺帽用榔头钉入两节链条。最后，用稍细于链条孔的粗铁丝做成枪身、枪栓和扳机。组装起来，一把火柴枪就做好了。

## ⌇⌇⌇ 推铁环：欢声笑语不知倦

推铁环又称推桶箍、滚铁环、推圈儿，是我国古老的传统健身方式。在20世纪七八十年代，孩子们如果有一套推铁环的东西，大家就会很羡慕。那时的胡同里，经常有孩子们推着铁环，欢笑着从胡同走过，留下一地的欢乐。

## 渊　源

铁环原本是古代老百姓日常生活不可缺少的工具——水桶上固定桶板用的箍子。那时人们在做新水桶的时候，会多做上一两个作为备用。孩子们会偷偷地拿出来当玩具玩，大人们看到也睁一只眼闭一只眼地不制止。有的还在铁环上套两三个小环，滚动时声音更响亮。"滚铁环"有一定的难度和技巧，能锻炼人的协调能力、平衡能力和肌体耐力，有益儿童身体健康。

随着少年儿童现代生活内容的逐渐丰富，推铁环的越来越少了。

## 流　程

铁环作为一种玩具，由两部分组成，一是铁皮构成的圆圈，一是推动铁环前进的长柄。铁环的制作很简单，只要用胶钳将铁皮或铜线弯曲成圈即可，大小仿如桶口。出于控制的必要，圆圈不可太大或太小，但尽可能做得圆一些，这样才有利于滚动。

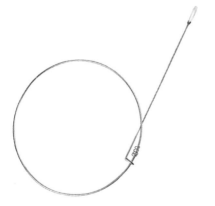

现在市面上所售的铁环玩具

铁环也可以自制，它们制作起来简单：找一段有足够强度的废弃的铁丝或钢筋，一端则翘起，形成一个45度角的小钩，这就是铁钩了。再找来铁丝旋成一个直径60厘米的圆圈，即铁环。这副由直线和圆圈组成的玩具就制成了。

玩要时，把铁环嵌入钩中，推动铁钩，如果角度和力道拿捏得恰到好处，铁环就可以滚动着前进了。

## 不倒翁：摇摇摆摆不歪倒

不倒翁是一种古老的中国儿童玩具，最常见的不倒翁是纸身、泥底，即用纸浆灌模或用废纸黏糊成形，再用泥土制成半圆形的底座，将二者黏合好之后，再在外表糊上净纸，施以彩绘而成；也有的用木头做底，底部中心固定上铁块和小石子。不倒翁一般上半身为空心壳体，下半身是一个实心的半球体，底部为圆形。这些特点使它们具有了一致的基本力学结构，都能达到不倒的效果。

### 渊 源

不倒翁最早的记载出现于唐代，形状像人，一经触动就摇摆然后恢复直立状态。清代史学家、文学家赵翼在《陔馀丛考》卷三十三中记载："儿童嬉戏有不倒翁，糊纸做醉汉状，虚其中而实其底，虽按捺旋转不倒也。"另据五代王定保所撰《唐摭言》中显示，不倒翁是由唐代的"捕醉仙"转化而来，捕醉仙当时又叫劝酒胡、酒胡子，是古代人们劝酒的一种工具。用木头刻成人形，上部细，下部粗。饮酒时，人们围桌而坐，把捕醉仙放在一只盘子里置于桌子中间，由年龄长者开始用手捻转，使之呈旋转状，当它停下来时，手指向谁谁就饮酒，然后由饮酒者接着捻转，如此往复，直到尽兴为止。宋代窦革所著《酒谱酒令》一书中对此有详细记载："今之世，酒令其类尤多。有捕醉仙者，为禹人，转之以指席者。"唐代卢汪晚年时曾作有《酒胡子长歌》一篇，其中记叙道："胡貌类人，变有意趣，然而倾侧不定，缓急由人，不在酒胡也。"后来，不知谁加以改进，制成了不倒翁玩具，并很快受到人们尤其是孩子们的欢迎。

## 流　程

制作不倒翁的方法有很多，简单举例说明。

### 1. 鸡蛋不倒翁

用毛针在鸡蛋小头的一面穿一个小孔，把蛋白、蛋黄放出来，然后灌水进鸡蛋，将里面清洗干净；用事先准备好的打火机点着蜡烛，让熔解的蜡水流进去；用黑色的毛线做鸡蛋的头发，再用红色笔给不倒翁画鼻子、嘴巴。这样，一个美丽可爱的不倒翁就做好了。

不倒翁形象

### 2. 乒乓球不倒翁

把乒乓球用剪刀去掉一半，将橡皮泥捏成团填在半个乒乓球内抹平。把白色硬纸剪成一个扇形，扇形的弧长应稍大于乒乓球的圆周长，并将扇形两边对接做成一个圆锥形。将纸圆锥与乒乓球黏结起来，用彩笔在乒乓球上画出头像，白色的锥形帽子也可用孩子熟悉的图案或花纹进行装饰。


# 撒棍儿：哪根好挑挑哪根

撒棍儿是适合孩子们一起玩的游戏。过去，撒棍儿用的材料是冰糕棍，吃完了冰棍，将剩下的小木棍收集起来，洗干净，晾干。攒够一大把，就可以当玩具玩了。小朋友们用手、用脑，想辄把棍一根一根拿起或挑起，还不能碰任何其他的棍。

## 渊　源

撒棍儿亦称"撒棒"，是儿童或成人用细木签、麦秆或火柴进行的一种技巧性游戏。

据说这个游戏起源于欧洲。最正宗的撒棍儿游戏有41根棍，约15厘米长。还有大型撒棍儿，长50厘米，粗8毫米，共26根，在院子里玩。

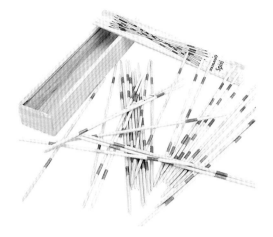

**现在的市面上的挑花棍撒棒**

游戏开始时，把一束细棍握在手中，竖立在桌面或其他平滑面上，然后突然松手，使细棍倒成一堆。每人轮流设法逐一拾取，如果触动其他细棍，就改由另一人拾。最后得细棍数最多者为胜。

## 流　程

撒棍儿游戏可以两个人玩，也可以多人一起玩，最适合两个人玩。先把棍儿整理好，整齐地置于手心，轻轻地撒开。先取一根棍儿，然后再用这根棍儿去挑另外的棍儿，直到挑完为止，但是不能使还未被挑的棍儿移动位置，不然就换另一个人玩；在挑的过程中，要先看好哪根棍儿最好挑。挑完所有的棍儿后，数一数，谁挑的棍儿多，谁就赢。

如今，商场有卖撒棍儿的。一个扁扁的纸盒，里面装了100根细竹棍儿。每根细竹棍儿的两头都被制作成尖的。每根细竹棍儿的两边都染了颜色，是为方便记分，有红的、黄的、黑的，还有金的、银的，但只各有一根。

# 打尜：活动量大健身体

打尜是一种群体游戏，是男孩子们的游戏。打尜是一项充满竞技色彩的对抗性游戏。游戏中有击打、奔跑、投掷、弯腰等剧烈动作，活动量大，持续时间长，可以使孩子们在快乐中锻炼身体。

## 渊 源

击壤是一项古老的投掷游戏，相传远在帝尧时代已经流行。明清时，击壤之戏被称为"打瓦"。此外，还有一种叫"打板"。《顺天府志》记载："小儿以木二寸，制如枣核，置地棒之。一击令起，随一击令远，以近为负，曰打板。"

明朝末年居京文人刘侗、于奕正合著的《帝京景物略》卷二《春场》一节，说到一种游戏叫"打栿栿"："二月二日曰龙抬头……小儿以木二寸，制如枣核，置地而棒之。一击令起，随一击令远，以近为负，曰打栿栿。古所称击壤者耶？其谣云：杨柳儿活，抽陀螺；杨柳儿青，放空钟；杨柳儿死，踢毽子；杨柳发芽儿，打栿儿。"栿，读"巴"，意思是木棒。

清代潘荣陛撰《帝京岁时纪胜》中《正月》一节，记"岁时杂戏"："闲常之戏，则脱泥钱、塌石球、鞭陀螺、放空钟、弹拐子、滚核桃、打尜尜、踢毽子。京师小儿语：杨柳青，放空钟；杨柳活，抽陀螺；杨柳发，打尜尜；杨柳死，踢毽子。"

从上古时期击壤活动出现开始，经过不断地改进，打尜成为我国北方民间传统的娱乐运动项目。古时的打尜一般在冬、春两季举行，参与者也大多是生活在乡村的少年。

"打尜"这一名称来源于北方大部分地区，北京、河北、山东、山西、内蒙古自治区称"打尜"，河南称为"打苏"，宁夏称为"打梭儿"。

打尜是20世纪六七十年代农家男孩子的主要游戏。游戏时用尜棒轻轻敲其一端，尜便弹起，随后用力挥棒把尜打出去。打尜关键在敲尜，如用劲太小，弹起的尜过低，不等你挥棒，尜已落地。如用力过大，尜弹得过高也不易击中。最好是敲起的尜与你挥棒的高度大致一样，这样既打得准又打得远。

如今，孩子们玩具众多，游戏项目也不可胜数，玩打尜这种稍带危险性游戏的人越来越少了。

## 流　程

"尜"是两头尖，长约10厘米、直径约三四厘米的木棍。"打尜"则用一根长约七八十厘米的木棍去敲击尜的头，使尜弹起，然后迅速将尜打向远处；另一个人去捡尜向"城"里扔。

游戏的玩法有两种：

一种是各自为战，定下几棒为一局，每人打完一棒后，便用尜棒来丈量，满局后累计棒数，多者为赢。

再一种玩法是分成两组，画定一个圆圈，直径一米左右，叫"锅"，尜放"锅"内，守方出一人打出去，攻方出一人跑过去捡，往"锅"里扔。扔进了"锅"，守方就被杀死。"石头、剪刀、布"后，由赢方开始打。打尜的次数不限定，打尜者只要不失误，便可连续打下去。打方几个人依次打完后，便由被打方奋力向回掷，一人掷一次，最后一人若把尜投进圈中即算赢，遂成为打方。若没有掷回圈中，最后一人把尜投在何处就由打方在何处接着打。有时发挥得好，一组人都连续击打，可把尜打得很远。

打尜很讲究技术，轻击尜使之弹起时，用力要适中，这样弹的高度正好。在击出尜之前，由于挥手蓄力需要时间，尜弹起再落下也需要时间，在这个时间差过后，以木棍恰巧击在尜的中部最好。这样击出的尜飞行起来不飘，能落得很远。

# 打陀螺：接力抽打转得欢

在20世纪八九十年代，打陀螺是一种极为普及而又深受欢迎的传统娱乐项目，各地对陀螺有不同的称呼，如陀螺、地黄牛、老牛、冰尜、干乐等。由于抽陀螺的趣味性强，最受小孩子的追捧，不仅能玩，还能和别人比赛，享受竞争的快感。早在10世纪以前，中国的这种传统民间儿童游戏就传到了朝鲜、日本等国，并流传至今。

## 渊 源

1926年在山西夏县西阴村灰土风岭发现距今4000多年的文物，其中就有陶制的小陀螺。陀螺有史籍的记载，是在后魏时期，当时称为独乐。宋朝时，有一种类似陀螺的小玩意儿，名字叫千千，象牙做成，以一个直径约13厘米的圆盘，中央插上一支铁针为轴心，是古代宫女为打发时间所玩的一种游戏，其玩法是将一个长约3厘米的针状物体，放在象牙制的圆盘中，用手捻使其旋转，等到快停时再用衣袖拂动它，让它继续旋转，最后，谁的千千转得最久，谁就是获胜者。至于"陀螺"这个名词，直至明朝才正式出现，见于明代刘侗、于奕正所著《帝京景物略》一书里提到的一首民谣："杨柳儿青，放空钟；杨柳儿活，抽陀螺；杨柳儿死，踢毽子……"在明朝时期，陀螺成为民间儿童们大众化的玩具。

《帝京景物略》卷二《春场》对木陀螺的形制及其玩法有一段很生动的描述。"陀螺者，木制如小空钟，中实而无柄，绕以鞭之绳而无竹尺。卓于地，急擎其鞭，一擎，陀螺则转，无声也，视其缓而鞭之，转转无复往，转之疾，正如卓立地上，顶光旋旋，影不动也。"刘侗并有《杨柳话》赞曰："杨柳话，杨柳多，小孩小女闲不过，丝线结鞭鞭陀罗（即陀螺。编者

注）。鞭陀罗，陀罗起，鞭不已；鞭不已，陀罗死。"

清初，元璟山和尚的《鞭陀罗》诗就描述了清初满族小孩抽陀螺的情景："嬉戏自三五，乐莫乐兮鞭陀罗。香尘堆里，牛羊马骡；鞭个走珠，鞭个旋螺；随风辗转呼如何。"

**清乾隆时期青花缠枝莲陀螺杯**

抽陀螺，各地由于语音关系，有不同叫法，如江苏海州一带叫"打独溜"，武汉叫"打得罗"，河南郸城一带叫"打叠楼"，山东莱阳叫"打猴"，因东北和山东多在冬天冰地上玩儿，所以叫"打冰猴"；其他地方还有的叫"打皮猴""打懒老婆"，等等。

20世纪40年代日军侵占北京时，北京小孩子叫抽陀螺为"抽汉奸"，因那时日本人侵占了北京城，不少汉奸助纣为虐，他们跟日本鬼子一样招人恨，老百姓就借抽陀螺出气，一边抽一边说："抽汉奸，打汉奸，打败日本，打汉奸。""抽汉奸，打汉奸，棒子面涨一千。"以解心头之愤恨。

20世纪五六十年代，小孩子的玩具不多，陀螺是孩子们玩得较多的玩具之一。如今，在校园里或者广场上，还能见到很多玩陀螺的，大人和孩子们都玩得不亦乐乎。

## 流　程

"陀螺"也有的写作"陀罗"，制作的材料以木头最常见，也有用砖、石、竹等材料制作的。一般是用比较硬的木料削制成上钝下锐的螺形。拿一系在长棍顶端的皮绳之类，先用皮绳缠绕陀螺数圈然后抖放再用鞭抽之，或先用一手捻转陀螺于地上，然后以鞭抽其着地之尖端，陀螺便在地上旋转，直至停转倒地为止。

现代的陀螺

过去，都是自己制作陀螺，也有商店出售陀螺。矮胖的陀螺稳定性好，如果再把陀螺的平顶部分涂上彩色，旋转起来非常好看。

具体的玩法有几种：

自己抽。既可以在原地抽，也可以抽着陀螺前进，如果道路平坦就可以抽着陀螺去学校。

多人对抽。这时要用高一点的陀螺，使其重心高，易于抽到远处，每人一鞭子接力抽打，就像打乒乓球一样你来我往。如果想抽得更远，就把鞭绳换成粗布条，布条用水沾湿，这样一鞭子下去可将陀螺抽到极远的地方。

## 打弹弓：挟弹携壶打鸟雀

弹弓是过去男孩子的重要玩具。拥有一副好弹弓是每个男孩子所渴望的。有了心爱的弹弓，便会弹不离手。一般是用弹弓打鸟，主要是小麻雀。也有调皮的，把子弹射向电线、门窗、马蜂窝等。现在，孩子们的玩具多了，也因为玩弹弓有一定的危险性，所以很少有孩子玩弹弓了。

### 渊 源

弹弓是一种冷兵器，中国古代有一种"射"的工具，就是弹弓。在甲骨文中，"弹"的写法是一张弓在弦的中部有一个小囊，用以盛放弹丸，表达人使弓上之丸弹出之意。《庄子》中有"以隋侯珠弹千仞之雀，必笑所用至重，所取至轻"之句。这些都说明弹弓的历史非常久远，是弓箭的雏形。弹弓的原理与弓箭的原理相同，都是利用弹射力来发射，只是弹弓用的是弹丸，而弓箭用的是箭。据《吴越春秋》卷九所载《弹歌》："断竹，续竹，飞土，逐宍（古'肉'字）。"诗歌以二字短句和简单的节奏，写出了砍伐竹子，制造弹弓，射出弹丸，射中鸟兽的狩猎过程。如此说来，古代很早的时候就已出现了

过去，弹弓是男孩子们心爱的玩具

弓。《齐书》称桓荣祖善弹弓。登西楼见一种被称为鹄的鸟在飞翔，对左右说："我当生取之！"于是拿弹弓弹射鹄的两翅，鹄羽毛脱尽堕地。桓荣祖于是将其养起来，待羽毛长全后放飞。时人纷纷称善。

《汉纪》载："班超使于外，愿将三十六人，以为蒿矢弹丸之用。"说明弓矢与弹丸曾并用于战争，是最初的武器装备之一。后世军旅中少见，大概是因为其作为兵器远不及弓矢之利所致。元代禁用弹弓，《元史·顺帝纪二》："禁弹弓、弩箭、袖箭。"明清两代军中，则有身怀弹弓作为暗器格斗防身的。

弹弓除了作为兵器，在古代也是很流行的一种娱乐工具。两汉魏晋时，富家子出游往往是挟弹携壶，赏赏山景，打打鸟雀，"遇会饮酌，萧然自得"，俨然形成一种风尚。后汉李尤《弹铭》云："弹丸之利，以弋凫鹜。"

古代的弹弓是弓式弹弓，现在已不多见。现在常见的弹弓应该是在橡胶发明后才出现的。各式各样的弹弓，基本的原理还是利用皮筋的弹射力发射弹弓。

## 流　程

弹弓的制作比较简单，一般用柳树上的树杈做，选那种叉正的树杈，把砍来的树杈剥了皮，自然晾干，把形整好，上上螺丝钉，一个木头弹弓架就弄好了。皮筋一般都用自行车轮胎气门芯上的那种，买一些，每根截成同样长度，还可以用医用皮筋。

练习弹弓有几个秘诀：一是食指和拇指要尽可能抵住弓眼，这样可以获得发射瞬间前手很好的稳定性。二是持弓那条手臂的肩膀一定要塌，也就是下沉的意思，由于肩膀一塌就能使持弓手整个手臂相对于身体来说保持稳定的角度，不会在瞄准时忽高忽低。三是握弓柄的中指和无名指一定要牢牢卡出弓柄，绷得牢牢的，和食指与拇指一起形成三角形的固定点，不给弹弓任何晃动的机会。

# 皮筋枪：子弹就是橡皮筋

皮筋枪作为一款风靡于20世纪七八十年代的经典玩具之一，多以木质材料或塑料材料为枪身，与弹弓不同，皮筋枪中的橡皮筋不仅为枪体提供动力，同时也作为枪的子弹被发射。皮筋枪子弹的威力较小，孩子们玩的时候也比较安全。

## 渊　源

1960年左右，中国自己生产的猴皮筋价格便宜，而且覆盖到了全国。同期生产建设比例加大，铁丝随处可见，弹弓和纸弹弓枪由此时开始出现。

相比其他玩具，皮筋枪具有动手性强、安全、易组装等优点，过去很多男孩子曾经制作或使用过皮筋枪。早期自制的比较多，比如用铁丝弯成的或用筷子或木头制作的简易皮筋枪，也有专业玩具厂家批量制作的塑料皮筋枪，大多比较廉价。

20世纪80年代中后期，玩皮筋枪的孩子越来越少。现在的皮筋枪作为一种玩具，已经不是很受现代孩子们欢迎了。

现在的孩子玩的皮筋枪

### 流　程

皮筋枪的玩法十分简单。一般情况下，皮筋枪的枪头与齿轮设有钩定皮筋的位置，将橡皮筋拉伸，两端分别钩定在皮筋枪前端的枪头上和扳机后的齿轮上，射击时松开钩在齿轮的一端，橡皮筋就会由于自身的弹性势能发射出去。

皮筋枪是弹弓的发展，也是用铁丝弯制而成，用纸折叠成所谓的子弹，以皮筋的弹力发射出去。皮筋枪虽然威力不大，但是如果打到人的眼睛上，还是会造成伤害，所以不能对着人脸发射，可以自己在空地上玩。

## 克朗棋：类似台球接地气

克朗棋现在很少见了，但在过去，却是一项非常受欢迎的游戏。过去，台球属于"高雅运动"，费用昂贵，一般百姓也很难消费得起，所以与其近似的克朗棋便成为一种替代品流行开来。一些人下班之余，三五成群，以棋会友，既锻炼了身体，又增进了同事之间的情谊，还是颇为有益的。

## 渊　源

20世纪六七十年代出生的人们，有不少人还记得或者玩过克朗棋。这种娱乐活动当时比较流行，当时城乡不少单位的俱乐部都有克朗棋摆放，供大伙儿活动。

20世纪80年代，克朗棋曾风行于大街小巷，与台球类似。那些年，尽管台球已经出现，但费用较高，克朗棋的优势在于占用空间不大，更接地气更适宜青少年游戏。尽管如此，对当时的普通家庭来说，若要购置一套克朗棋还是较为困难的，所以，克朗棋常见于单位职工娱乐室、文化宫，也有在街边设摊的。孩子们热衷玩克朗棋，放了学在街边打上两局才过瘾。

过去玩克朗棋的人们

到了90年代初，随着电视的普及和各种娱乐活动的不断翻新，克朗棋渐渐淡出人们的视线。

## 流　程

克朗棋有一个大约一平方米的棋盘，四周有围挡，避免棋子掉下。棋盘四角有四个洞，下面各有一个小抽屉。为了击打棋子时方便，棋盘用支架支起来。

克朗棋的"球"，也就是棋子，圆形，木制，和大号象棋子大小相当。"球杆"一般一米见长，前细后粗。标准的克朗棋台面有大小相同的28个圆圈，放4色棋，玩者用"球杆"像打台球那样击打母棋，使其撞击其他棋子落网。

这个游戏一般由四个人一起玩，首先把一堆棋子放在中间，码放整齐，然后再拿一枚棋子作为击打的母子儿，让母子儿去冲撞中间的棋子。如果能将其中的棋子击落到棋盘上的洞里面，就可以拿回放到自己的抽屉里面，然后继续打，直到没有落洞时为止，再由下一个人继续打。击打的时候如果母球落洞则需要罚停一杆或者掏出一个自己的棋子放到棋盘上。四个人轮流打，直到棋盘上面的棋子全部打光为止。得到棋子多者为胜。

同台球一样，克朗棋对于击打的角度、力度等也都有很高的要求，因此能够增进身体的协调性，是一项很不错的技巧类运动。

# 竹蜻蜓：一搓一松飞上天

竹蜻蜓是中国民间古老的儿童玩具，其外形呈"T"字形，横的一片像螺旋桨，当中有一个小孔，其中插一根笔直的竹棍子，用两手搓转这根竹棍子并松开手，竹蜻蜓便会旋转飞上天，当升力减弱时就会落到地面。这种简单而神奇的玩具，曾令西方传教士惊叹不已，将其称为"中国螺旋"。20世纪30年代，德国人根据竹蜻蜓的形状和原理发明了直升机的螺旋桨。

## 渊　源

从对大自然中蜻蜓飞翔的观察中受到启示，中国人制成了竹蜻蜓，竹蜻

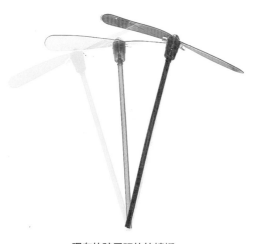

**现在的孩子玩的竹蜻蜓**

蜓是我国古代的一个重要发明。在中国晋朝葛洪所著的《抱朴子》一书有这样的记述："或用枣心木为飞车，以牛革结环剑，以引其机。或存念作五蛇六龙三牛、交罡而乘之，上升四十里，名为太清。太清之中，其气甚罡，能胜人也。"其中的"飞车"被一些人认为是关于竹蜻蜓的最早记载，并认为该玩具通过贸易传入欧洲。在欧洲一幅1463年的圣母圣子像中出现了竹蜻蜓的形象。

两千多年来，竹蜻蜓一直是中国孩子手中的玩具。在18世纪，竹蜻蜓传到了欧洲，启发了人们的思路，被誉为"航空之父"的英国人乔治·凯利一辈子都对竹蜻蜓着迷。他的第一项航空研究就是在1796年仿制和改造了竹蜻蜓，并由此悟出螺旋桨的一些工作原理。他的研究推动了飞机研制的进程，并为西方的设计师带来了研制直升机的灵感。

## 流　程

竹蜻蜓由两部分组成。一是竹柄。用一根竹片削成长20厘米、直径4至5毫米的竹竿。二是"翅膀"。用一片长18至20厘米、宽2厘米、厚0.3厘米的竹片，中间打一个直径4至5毫米的小圆孔，用于安装竹柄。然后在小孔两边对称各削一个斜面，以起到竹蜻蜓随空气旋涡上升的作用。翅膀做好后，将竹柄插入其小孔中。玩时，用双手掌夹住竹柄，快速一搓，双手一松，竹蜻蜓就飞向了天空。

# 泥老虎：一拉一挤虎头鸣

"小孩小孩你别哭，俺给你买个泥老虎，咕嘎咕嘎两毛五。"在过去，泥老虎可是过年最好玩的玩具了。泥老虎两面和中间都是空的，分为头、尾两截，中间装一个尾子哨儿，用手抓住头尾一拉一挤，能发出"汪汪"的叫声，很惹人喜爱。

## 渊 源

泥老虎在胶东地区叫皮老虎。它不仅是孩子们的玩具，还有避邪镇宅的含义。据说，泥老虎起源于明代万历初年，是我国现存的一种古老的民间艺术品，具有自己独具一格的工艺制作过程和艺术特色。泥老虎腰部是断开后用牛皮连接的，拿着头和尾挤压后，泥老虎会发出响声，因此称之为泥老虎。

现在泥老虎一般5块钱一个，买泥老虎不能单个，要买就买一对。

上彩的泥老虎

## 流 程

制作泥老虎，一般要经过和泥、制坯、晒坯、做哨儿、黏合、涂白料、上色等工序。选材也得讲究。

泥老虎是黄泥塑成，要旧河滩上的陈年膏泥。上层的不行，掺沙易散；下层的才好，黏腻如面筋。采罢黄泥，放置青石板上，以硬木槌捶，并掺入细棉丝，如此经日，方成好坯泥。先捶泥坯泥，即捏坯，捏坯之后是晾坯，

**即墨泥老虎**

要放阴凉处自然晾干，不能阳光下暴晒。

制哨儿的工序，一般比较精密，哨子的原料为芦苇秆，用快刀将芦苇秆削成45度角，再插上纸片，这样一个哨子就做好了。把哨儿用线或者用纸糊好固定在老虎的后尾部，老虎前胸部分是空的，起到将声音扩大的作用。

连接坯体就是将虎头和虎尾用羊皮连接起来，以前是选用羊皮，因为羊皮软、结实，但是造价相对较高；之后选用了牛皮纸，但是牛皮纸不结实容易坏；随着科技发展和社会进步，目前选用了皮革，其内在结构细密紧实，革身具有较好的丰满和弹性感，物理性能好且造价相对较低。

泥老虎效果有"三分塑，七分彩"的说法。先通体上一遍白色的滑石粉，颜色顺序是红色、绿色、黄色和黑色，上色面积先大后小、先广后狭、先粗后细。一些细致的部分如眼睛、口、鼻、舌等要用小笔仔细描摹。装饰图案是在面部涂完以后再进行描绘，所有部位的颜色涂完以后将其放到阴凉处晾干。

捏坯、画坯是手工做的，所以泥老虎的模样并不是千篇一律，而是神态、纹样各不相同，可谓千兽千样。最后一道工序便是插入竹哨儿，并用牛皮纸黏结头尾。小泥老虎的叫声急促如小狗，是"汪汪"声；大泥老虎的叫声抑扬如老狗，是"呜呜"声。

## 兔儿爷：衣冠踞坐如人状

兔儿爷是北京市的地方传统手工艺品，属于中秋节应节应令的儿童玩具。兔儿爷源于古老的月亮崇拜。人们按照月宫里有嫦娥和玉兔的说法，把玉兔人格化，用泥巴塑造各种不同样式的兔儿爷。兔儿爷兼具神圣和世俗的品性，融祭祀和游乐的功能于一体。如今兔儿爷已经成为最具代表性的北京非物质文化遗产之一。

## 渊　源

在长沙马王堆汉墓中，出土的帛画上就在左上角绘有一弯新月，中间是只奔跑的玉兔。更早的《淮南子》一书中，把玉兔和蟾蜍并存于月中，作为阴阳的代表，提出了阴阳对立并存的哲学理念。在宋代，有一幅著名的微型版画，画面上是只兔子在石头上磨一铁杵，寓意"只要功夫深，铁杵磨成针"，是卖针的商业广告。

这些事例表明，兔子早已不仅仅是百姓畜养的动物，而是成为了中华文化的重要表征。

明代中叶以后，民间中秋已有在祭月之际摆兔儿爷的习俗。明清以来，月宫玉兔逐渐从月崇拜的附属物中分离出来，在祭月仪式中形成了独立的形象，并逐渐丰富。明人纪坤在《花王阁剩稿》中记载："京中秋节多以泥抟兔形，衣冠踞坐如人状，儿女祀拜之。"这是最早的关于兔儿爷的记载。

清朝建立后，后宫的祭月活动更是郑重其事，搞得红红火火。清代宫廷是把月中的玉兔称作太阴君的。连八国联军打进北京，慈禧太后在逃亡的路上也没忘记拜月祭兔。

民间祭兔却没有这么庄重的规矩，而是突出了游赏性质。百姓把玉兔称作兔儿爷，这种称呼非常亲切，皇家的礼俗由此变成了实实在在的民间节日。

清末徐柯在《清稗类钞·时令类》中说："中秋日，京师以泥塑兔神，兔

骑虎的兔儿爷形象

面人身，面贴金泥，身施彩绘，巨者高三四尺，值近万钱。贵家巨室多购归，以香花饼果供养之，禁中亦然。"

过去有"男不祭月，女不祭灶"的风俗，小孩子经常在旁边模仿母亲祭祀的样子，兔儿爷就慢慢交给小孩子祭祀了，再后来就演变成儿童玩具。到清末时期，兔儿爷既是拜祭品，又是中秋节时候儿童的玩具。

清代诗人枟翁《燕台新咏》曾写有《兔儿节》一诗："团圆佳节庆家家，笑语中庭荐果瓜。药窃羿妻偏称寡，金涂狡兔竟呼爷。秋风月窟营天上，凉夜蟾光映水涯。惯与儿童为戏具，印泥糊纸又搏沙。"

民国时期，祭拜并玩赏兔儿爷的风俗仍在延续。一到中秋节，兔儿爷的摊子就摆出来了。前来买兔儿爷的人也很多，场面热闹非凡。

到了现代，兔儿爷是老北京们热衷的玩具，作家老舍在《四世同堂》中这样描写："脸蛋上没有胭脂，而只在小三瓣嘴上画了一条细线，红的，上了油；两个细长白耳朵上淡淡地描着点浅红；这样，小兔的脸上就带出一种英俊的样子，倒好像是兔儿中的黄天霸似的。它的上身穿着朱红的袍，从腰以下是翠绿的叶与粉红的花，每一个叶折与花瓣都精心地染上鲜明而匀调的彩色，使绿叶红花都闪闪欲动。"

济南也有一种"兔爷"，外形、制作和北京的兔儿爷相仿，但两者最大的不同在于济南的兔爷是会动的，脑袋和身体连接的地方内部有一根弹簧，摇头晃脑的更加可爱。

如今，兔儿爷已

《北京风俗图谱》中卖兔儿爷的画面

成了稀罕的工艺品，在北京少数商场的工艺店里能偶见，在春节的庙会和中秋节期间也能见到兔儿爷身影。

## 流　程

常见的"兔儿爷"，一般都是金盔金甲的武士模样。而且，插在头盔上的野鸡翎只有一根，"兔儿爷"又由单个武士，发展成整出武戏的"兔儿爷"，再后来，又有了反映人们日常生活的"兔儿爷"，甚至人们还把"兔奶奶"也请到了供桌上。

兔儿爷是用模子翻塑出来的，先把黏土和纸浆拌匀，填入分成正面和背面两个半身的模子里，等干燥后倒出来，

骑鹿的兔儿爷形象

把前后两片粘在一起，配上耳朵，在身上刷层胶水，再上色描金。此外还有一种捏的做法。

兔儿爷大的有1米多高，小的只有10厘米左右，均是粉白面孔，头戴金盔，身披甲胄，背插令旗或伞盖。它的坐骑有狮、虎、鹿、象等。兔儿爷左手托臼，右手执杵，做捣药状。此外，还有刮打嘴的兔儿爷，其制空腔，活安上唇，中系以线，扯之，则兔唇乱捣。总之，种类繁多，不一而足。

不同形状的兔儿爷有不同的含义：

坐象兔儿爷，寓意吉祥如意，象与祥同音，象本身也是祥瑞的象征。

坐虎兔儿爷，寓意事业兴盛，人脉广博。

麒麟兔儿爷，象征着学识广博，学业有成。

坐牡丹兔儿爷，寓意富贵尊荣。

坐鹿兔儿爷，寓意着身体健康长寿。

坐葫芦兔儿爷，象征着福禄双全，因葫芦与福禄同音，葫芦在民间也是

平安吉祥的化身。

坐黑虎兔儿爷，黑虎是公正与光明的化身，所以黑虎有保佑平安，祛病强身之说。

# ☁ 泥哨儿：薄皮中空音洪亮

泥哨儿又称"泥咕咕"，是颇受孩子们喜欢的一种泥制玩具。较为著名的有山东的阳谷哨儿、山西的泥哨儿、陕西的凤翔泥哨儿、贵州黄平的"虎泥哨儿"等。泥哨儿的题材广泛，花样颇多，造型有动物、人物，还有戏曲人物、男童女童等。

## 渊 源

民间泥哨儿，来源于古代的陶埙。"埙"是用泥捏制烧成的，据《聂氏三礼图》记载，"凡六孔，上一，前三，后二"，《诗经·小雅·何人斯》中也有"伯氏吹埙，仲氏吹篪"的句子。所谓"埙，土音刚而浊；篪，竹音柔而清"，两者"刚柔相济"。在数千年前，埙和篪已是很好的乐器了。万荣古城发掘出土的新石器时期的陶埙，同七音哨儿极为相似。由于时代变迁，陶埙演变为泥哨儿，进入玩具领域，受到孩子们的喜爱。

## 流 程

不同地区的泥哨儿，制作也各有特色。

1. 苗族泥哨儿

苗族泥哨儿是用当地特有的黏土经手工捏成大体形态后，抹上生菜油定型，然后用竹签、竹筒等简易工具压出眼、口、鼻等细部，再用硬模按上所需的小装饰纹样，阴干后用木屑或谷壳煅烧为低陶后，再施以彩绘，罩以清漆而成。

### 2. 山西泥哨儿

山西泥哨儿的题材广泛，花样颇多。泥哨儿的制作用泥很讲究：先把土晒干磨碎，用箩筛成细粉，掺水（土与水的比例为8：3），泡制一天左右后，再掺入麻纸，用木棒捶打，直到用铁丝绷子切泥时，无渣无气眼为合适，叫熟泥。这样做成的熟泥，捏时不粘手，翻时不硬撅，干后不裂缝，做出的泥哨儿皮薄且坚硬，声音脆亮悦耳。

制作泥哨儿的工具较简单：几根圆、扁竹签，几个大小不等的竹筒和用来按印纹样的陶模。先用手捏成大体形状后，用竹签压出眼、口、鼻等细部，再用硬模按上花纹，最后在头部和背上用竹筒扎出吹孔。腔的大小，泥的薄厚，吹孔的位置、方向都会影响哨儿音的优劣。阴干后，一层麦秸，一层泥哨儿，用微火烧十二小时取出，撒上松香末，来回搅动，松香末受热化于表皮，乌黑发亮，美观坚韧。

清代鲤鱼凤鸟瓷哨儿

### 3. 黄平泥哨儿

黄平泥哨儿的取材造型多以动物形象为主，有牛、羊、鹿、鸡、青蛙、穿山甲、孔雀、锦鸡等达百余种。造型不一，色彩丰富，对比强烈，类似当地少数民族妇女的紫色衣裙和刺绣花块。

黄平泥哨儿为手工制作，以当地优质的白泥为原材料，将白泥与水和好，反复摔打融合均匀后，手工推捏出泥哨儿的雏形，抹以少许菜油定型。再塑出鼻、耳、口、眼，印上适合的装饰花纹图样，用制哨儿棒开哨儿后阴

**老虎造型的泥哨**

干，放入地窖盖上谷壳或锯木灰沤烧。出窑后，绘上五彩斑斓的纹饰，罩以清漆，一个完整漂亮的泥哨儿就做好了。

### 4. 阳谷泥哨儿

阳谷泥哨儿原名"咕咕虫"，是阳谷县流传的一种土制娱乐用品。泥哨儿有泥制、陶制两种，发音清脆嘹亮，委婉悦耳，特别适于模仿各种鸟类的叫声。

制作阳谷泥哨儿时，要将挖出的胶泥弄碎、晾干，再泡成泥浆、控水，晾到一定湿度，摔熟，切成块，捏成各种形状，再放上哨儿眼，阴干，放入小火窑烧2个小时就制成了。

## 布老虎：娇憨天真圆鼓鼓

布老虎是中国传统的手工艺玩具。因为老虎被认为可以驱邪避灾，带来平安吉祥，所以当孩子出生时赠送布老虎就寄予了希望孩子健康成长的美好愿望。人们还认为虎食五毒，所以在端午节时也有送布老虎的习俗。布老虎品种繁多，流传广泛，是一种极具乡土气息的民间工艺品。

### 渊 源

布老虎起源于虎图腾崇拜。虎崇拜最早源于伏羲时期，著名民族学家刘尧汉在《中国文明源头新探》一书中讲道："伏羲本为虎图腾，秦汉以后有史学家以龙为真命天子的思想。"由此可见虎图腾源自伏羲并早于龙图腾。

早在距今约六千多年的新石器时代，原始部族在陶器、石器及玉器上，便有类似虎的图画。在河南出土的仰韶文化时期的墓葬中，虎与龙分别居于死者左右，从中可以看出虎在先民心中的地位。近几十年陆续在全国各地发现的大量汉朝早期的岩画中，也充分表露

民国时期铜胎《老虎下山》

出自然界猛虎的形象，画中的老虎正扑向羊群进行捕食。

在社会生产力低下的时代，人们对于自然和疾病都无法科学地去认识，人们希望战胜它们，于是便把这个希望寄托在理想中的英雄人物和老虎这种猛兽身上。

老虎不仅勇猛无敌，而且对自己的幼崽特别加以保护，民间有"虎毒不食子"的说法。因此，人们把虎作为生命保护神和繁衍生育之神。布老虎以双头虎枕为多见，是崇虎习俗在民俗中的表现形式，其中蕴含着深厚的文化内涵。双头虎枕是一个象征阴阳相合的母体，可以祛灾，保护孩子的平安。而单头虎、直卧虎等则是作为全家保护神的镇宅图腾虎类型。

农历五月初五端午节期间，民间盛行给孩子做布老虎，或者用雄黄在孩子的额头画虎脸，寓意健康、强壮、勇敢。除了端午节，在春节、元宵节等其他节令，以及新生婴儿"洗三"（婴儿出生三天时）、百日、周岁生日、两岁生日，人们也常常做各种形式的布老虎，同样具有驱邪、祛病、祝福的美好寓意。

2008年6月7日，布老虎经国务院批准列入第二批国家级非物质文化遗产名录。

## 流　程

布老虎的形式多种多样，有单头虎、双头虎、四头虎、子母虎、情侣虎、布老虎枕头、套虎等。

由于我国各地、各民族风俗习惯不同，布老虎在不同的地区有不同的装饰和姿态，有的稳重宁静，有的活泼乖巧。如山西黎侯虎，四肢粗胖，昂首站立；陕西关中地区的布老虎喜欢使用"五毒"图案；河南淮阳布老虎拟人化多一些；山东各地的布老虎则着重在头部设计，宽大的嘴，洁白

**现代的布老虎样式**

锋利的牙齿，两颗粗壮的牙齿向两边吐露，借以表现老虎的雄威。山东境内的布老虎色彩多以红、黄色为主，沂水布老虎也用黑、青、白、花、蓝色土布及蓝印花布料。

制作布老虎的工艺也各不相同。如虎腹内部有的装填锯末、谷糠、棉花，也有的充以蚕沙、艾叶、荞麦皮或豌豆皮。沂水布虎的腹内填充物则有荆种子、桃枝、菊花、艾草、黄芪、雄黄、当归、朱砂等各种中药。

# 拨浪鼓：摇之发音叮咚响

拨浪鼓古称"鼗""鼗鼓"，是棰击膜鸣乐器。拨浪鼓在各个地区有不同的称呼，藏语称达玛如、达克、绕鲁、热巴穷格阿和卓尼鼓，纳西族称为东巴鼓、手摇鼓，江南有些地区又称摇咕咚。

## 渊　源

拨浪鼓的历史悠久。拨浪鼓的产生在鼓之后，早在新石器时期的彩陶中，就曾经发现过疑为鼓的器物。1978年在湖北随县（今随州市）擂鼓墩出土的战国时期的青铜座建鼓，底座上插有一根立柱，柱的中央是鼓，鼓

身长形，木制，类似今天的腰鼓。战国时期，还有一种"架鼓"，鼓身极扁，两面蒙鼓皮，鼓皮用两排互相交错排列的鼓钉固定，鼓身由三只金属环拴挂在鼓架上。鼓架以髹漆木雕工艺完成，双凤背向共挑鼓身，底座是背向的双虎。这些鼓的出现，为拨浪鼓的产生提供了基础。

战国时期楚国的《虎座凤鸟漆木架鼓》

最早的拨浪鼓被称作"鼗"。战国时期产生的鼗作为打击乐器，依靠摇动时双耳自击发声。《诗经·有瞽》记载了"鼗、磬、柷、圉"，其中的"鼗"如鼓而小，有柄，两耳，持其柄而摇之，则旁耳还自击。

发展至宋代，拨浪鼓已经在三个领域出现，一是礼乐之用，二是商业之用，三是儿童玩具。商业之用则是指"货郎鼓"，民间货郎一般是持拨浪鼓招徕顾客的。与此同时，拨浪鼓也成为深受儿童喜爱的玩具。在南宋李嵩的《货郎图》中，我们可以看到画中的拨浪鼓，造型颇为考究。根据此图，现在的人们复制了这种货郎鼓，摇之发声，高低错落，叮咚悦耳。

南宋苏汉臣所作《五瑞图》更有精彩的拨浪鼓可观。五童子或戴面具或涂面，聚集在一起行大傩舞，其中一人双手各持一件拨浪鼓。

随着时代的变迁，如今的拨浪鼓主要用途便是儿童玩具了。

## 流　程

从形式上划分，拨浪鼓大致可分为两种，第一种是鼓面加彩绘装饰，如河南淮阳、江苏盐城、北京等地的拨浪鼓，都在鼓皮上描绘各色花纹；第二种是在鼓身加彩绘，沿着鼓身画一周花纹。鼓面材料以牛皮、羊皮为最常见，其次又有蛇皮、皮纸、油纸多种。鼓身多为木质，不过，近年已见塑料鼓，鼓耳则以玻璃珠最为常见，其次又有用薏仁、酸枣核、木珠、瓷珠等材料制作双耳者。

现代制作的拨浪鼓，鼓框及鼓柄均用铝合金制成，鼓框涂以红色或绿色漆饰。专业文艺团体制作的拨浪鼓，其上有两面小鼓、一面小锣，均固定在相连的小铁圈内，铁圈两侧分别系有鼓坠。这种拨浪鼓已用于舞台演出。

## 弹球：哗啦哗啦溜溜蛋

所谓弹球就是用玻璃球在地上弹，以击中对方为获胜。20世纪七八十年代，物资匮乏，简单的玻璃球也很难搞到。谁手里有几个漂亮的玻璃球，大家都会羡慕。弹球有很多玩法，比如击中对方的球，对方的球就属于自己了。如果赖皮，被弹中拿起就跑，就会被小朋友们排斥在外，没有人愿意再跟他玩。

### 渊　源

弹球又叫弹玻璃球、打弹珠、打珠子、打玻璃珠，弹玻璃球，是一项普遍受儿童欢迎的游戏。

打弹珠的游戏历史悠久，据说起源于16世纪，当时两名年轻人，同时喜欢上一个女孩子，便决定用弹珠比赛分胜负，打弹珠的游戏便由此产生。

弹珠最早的材质包括廉价的石头和昂贵的大理石。19世纪初，出现了用陶瓷制成的弹珠。1870年后，出现了可大量生产的黏土弹珠。不过，真正使弹珠大放异彩的是1846年由一位德国玻璃工匠制作的玻璃弹珠。1890年，从丹麦移民美国的马丁·克理斯丹森发明了能大量生产玻璃弹珠的机器，1905年申请专利后，他在美国俄亥俄州开了一家工厂。到了1914年，他的工厂每月可生产上百万颗玻璃弹珠。

20世纪七八十年代，很少有儿童没有摸过弹珠的。弹珠多样式的玩法，总是让孩子们玩得乐趣无穷。孩子们不只是爱玩弹珠的游戏，也爱收集弹珠！尤其是男孩们，更是将弹珠视为宝贵的财产。

花色各样的玻璃球

## 流　程

过去，弹的球分成五种，第一种叫"亮泡"，用单色玻璃制成；第二种叫"花瓣儿"，是有花芯的玻璃球；第三种叫"瓷卵子"，大概是生产瓷瓶等绝缘材料的副产品；第四种是钢珠，是轴承里面的钢珠；第五种是泥球，用黄泥搓成。

玻璃球的玩法有多种：

### 1. 进坑

先画出个正方形，四个角各挖一个直径十厘米左右、深五厘米左右的坑，正方形的中心和正方形以外各挖一个同样的坑；在距离正方形外的坑的一两米处画一道横线，游戏者站在线外，向正方形外面那个坑弹球或扔球，谁靠坑最近谁是第一，从而可以先开始进坑（将球往坑里弹），依次进完四个角坑，最后进中心坑，谁的球先进入中心坑，谁是胜利者。为了不让对手的球先进坑，自己可以先不进坑，而是击打别人的球，把别人的球弹离坑的附近。

### 2. 老虎吃鸡

先挖一个洞，称为"老虎洞"，洞外画一个圈叫作"山"，离洞两米左右画一条起跑线，所有玩家都从起跑线开始打弹珠，开始弹珠都叫"小鸡"，进了虎山的老虎洞就是"老虎"，可以吃"鸡"，"鸡"不可以吃"鸡"，但是可以通过打中"鸡"来获得再打一次的机会，"鸡"可以反过来吃"老虎"，但是必须要连续打中五次（次数自定），"老虎"才会死亡。"鸡"吃"老虎"可以获得更多的弹珠，而"老虎"吃"鸡"只能获得一颗弹珠。老虎山的作用是"老虎"进入圈子后，可以继续在圈内任一点进行攻击。

3. 弹库

靠墙画一个两平方米左右的方框，游戏者将自己的球砸在墙上弹到方框内，不能出框，出框算输。谁的球离外线最近谁是老头，就可以先用自己的球击打别人的球，击出方框就赢一个球。

弹玻璃球的手法一定要正，标准的手法是将中指、无名指和小指握向手心，压住大拇指，将玻璃球用食指压在大拇指的关节上，大拇指用力将球弹出去。这种手法力道足，准确率高。最不好的手法叫"挤屁眼子"，不是用食指将球压在大拇指的关节上，而是压在大拇指的指甲上，力道比正确的手法小很多。

## 泥模儿：胶泥制成趣味多

泥模儿是20世纪六七十年代小孩子们娱乐的东西，模儿读"木儿"音，泥模儿上图案大部分为人物，所以，有的干脆叫"小人模儿"。泥模儿用胶泥制作后烧制而成，浅红色，多为凹形，应该属于"陶"类。回到家，选好黄土和泥，将泥团放在泥模儿里，在平地上一扣，一个泥模子就做好了，泥坯子上的图案也就印在了上面。

## 渊　源

中国民间泥玩具的出现，可以追溯到五六千年前的新石器时代，考古学家有多处发现。浙江河姆渡文化遗址出土的陶猪、陶羊时间约为六千至七千年前左右；河南新郑裴李岗文化遗址出土的古陶井及泥

小动物图案的泥模儿

猪、泥羊头时间约为七千年前，是人类早期手工捏制的艺术品。

自新石器时代之后，中国泥塑艺术一直没有间断，发展到汉代已成为重要的艺术品种。考古工作者从两汉墓葬中发掘了大量的文物，其中有为数众多的陶俑、陶兽、陶马车、陶船，等等。其中有手捏的，也有模制的。

两汉以后，随着道教的兴起和佛教的传入，以及多神化的奉祀活动，社会上的道观、佛寺、庙堂兴起，直接促进了泥塑偶像的需求和泥塑艺术的发展。到了唐代，泥塑艺术达到了顶峰。泥塑艺术发展到宋代，不但宗教题材的大型佛像继续繁荣，小型泥塑玩具也发展起来。有许多人专门从事泥人制作，作为商品出售。

元代之后，历经明、清、民国，泥塑艺术品在社会上仍然流传不衰，尤其是泥玩具，既可观赏陈设，又可让儿童玩耍。我国出产泥玩具的地方很多，风格差异也很大，泥模儿是古代儿童娱乐的主要形式之一，一个泥模儿在手，儿童们便可制作大量的人物或动物。孩子们玩起泥模儿来爱不释手，所以泥模儿又叫作"孩模"。

泥模儿在中华人民共和国成立前风行于乡村及街市当中，价格便宜，富于趣味。随着社会的文明进步，新式玩具取代了泥模儿的地位，泥模儿越来越少。现在，泥模儿以其便宜的价位，较佳的观赏价值，成为收藏者的不错选择。

## 流　程

泥模儿是一种印花工具，在泥片上印制出有趣的动物、花草、戏曲故事场景等图像。

制作泥模儿先要做泥模母，一般在泥模母上先塑出浮雕图像，再用泥模母倒出完整的泥模儿，图案呈阴文。制作泥模儿前，先将质感细腻、颜色发黄的胶泥从河沟里挖回家，然后用盆浸泡搅拌，之后还需再挖一个坑，在坑里放置一两天，等水分渗得差不多了，把泥挖出来，在石板上揉制，摔打，直到把泥巴揉得像面团一样柔软，又黏糊又有劲，原料才算准备妥当了。泥模儿捏好后，不能直接在太阳底下暴晒，需要慢慢阴干。然后就是烧制，烧制好的泥模儿变成砖红色，敲击，音质清脆。

**人物图案的泥模儿**

泥模儿分阳阴两种，画面凸起的为阳模儿，凹陷的为阴模儿。阳模儿厚重，不容易摔坏，但是也不容易烧制。过去，孩子们在庙会或者集市买到的都是阴模儿。

泥模儿买回家后，主要是利用它去复制新的泥模儿，具体做法是：用泥巴粘在泥模儿的正面，用力去压，然后把它们分开来，泥巴上就印出了泥模儿的图案，成了泥模儿的复制品。

泥必须是胶泥，沙土和出的泥松散，而且印出的画面不清楚。胶泥细腻，颜色红润，印出的画面清晰，晾干后坚硬无比。扣模儿时要把胶泥捏成厚厚的圆饼，盖在模子上，使劲儿均匀地摁上一会儿，然后扣到石板上，模子上的图案就清晰地凸显出来了，只是同模子的图案的花丝相反罢了。泥模儿拓好后，不能直接摆在太阳底下晒，容易发生裂纹。要把泥模儿放荫凉处，让它慢慢风干。看着这些成品，孩子们会感受到收获的乐趣，获得满足感。

## ⌇⌇ 毛猴：中药蝉蜕巧结合

毛猴是老北京特有的一种民间艺术品，在老北京的庙会上，"买猴料，粘毛猴"曾是过年必有的一景，毛猴通过多样的肢体语言，再现中国风土、市井文化，演绎人生的喜、怒、哀、乐，记录人生百态，深受人们的喜爱。

### 渊　源

相传在清朝同治年间，老北京宣武门外，骡马市大街有一家名为"南庆仁堂"的药铺。一天，店中配药的一个小伙计因没伺候好账房先生而挨了一顿臭骂，小伙计为了饭碗选择了忍气吞声。晚上心情烦闷，在整理药材时，发现蝉蜕具有某些形象特点，便决定用中药材塑造一个"账房先生"。他选取了辛夷做躯干，又分别截取蝉蜕的鼻子做脑袋，前腿做下肢，后腿做上肢，用白芨一粘，一个人不人、猴不猴的形象便出现了。拿给同人们一看，也都说极像尖嘴猴腮的账房先生。小伙计觉得很开心，算是出了一口气。就这样，世上第一个毛猴在不经意间诞生了。毛猴流传到社会上后又被有心人加以完善，逐渐形成一种深受人们喜爱的手工艺品。

### 流　程

制作毛猴所需材料全是中药。它是用蝉蜕做四肢，身体是用另一味中药——辛夷，也就是玉兰花在秋天里长成的花骨朵。

毛猴的头是用蝉蜕的头，正好与花骨朵相配。这带绒毛的花骨朵，和毛猴的身躯极为相似。

　　把这几部分黏结起来的东西叫白芨，也是一味中药。后来发展改为木匠做活用的鳔胶，而今只用普通的白乳胶即可。

**毛猴的制作步骤图**

　　要完成一件成品需要很多道工序，即使是相对而言构造简单、组装迅速的毛猴，之前也要用上比较久的时间去处理材料。比如选料，破土而出的蝉蜕先进行个体分解，然后进行认真清洗和晒干后才能使用。此外，毛猴艺人还要做些配合的小道具、大小翎子等，这些都已经做好了，才能开始组合毛猴。

# 第三章

# 民俗游艺类老玩意儿

民俗游艺是一种以消遣休闲、调剂身心为主要目的，而又有一定模式的民俗活动。民俗游艺是人类在具备起码的物质生存条件的基础上，为满足精神的需求而进行的文化创造。中国有悠久的民俗游艺，民俗游艺在各个民族、时代和地域中不断形成、扩大和演变，不仅丰富了人们的生活，还增加了民族凝聚力。

从简单易行、随意性较强的游戏（跳绳、爬竿、捻捻转儿）到竞技精巧、有严格规则的竞技（拔河、斗鸡）；从因时因地、自由灵便的戏耍（舞石锁、斗蟋蟀、放风筝、打花棍），到配合各种特殊需要的综合表演（舞龙、舞狮、划旱船、霸王鞭），都属于民俗游艺的范围。

民俗游艺既是一种乐趣，也是一种文化，更是历史的累积与沉淀。它们经历了岁月的洗礼，在物质精神文明发达的今天，丝毫不落伍，值得推广和弘扬。

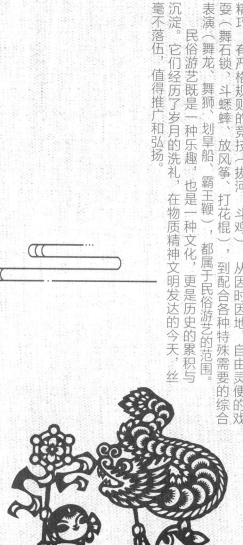

# 跳绳：边唱边跳花样多

跳绳，是一人或众人在一根环摆的绳中做各种跳跃动作的运动游戏。这种游戏唐朝时称"透索"，宋时称"跳索"，明时称"跳百索""跳白索""跳马索"，清时称"绳飞"，清末以后称作"跳绳"。现今国外的韵律操所采用的绳操，都是由我国的跳百索应用、演化而成。

## 渊　源

跳绳活动源远流长。古人拿绳子来记事，也用它来捆扎收获的农作物，或拴牛马、捆绑猎物等，绳子成了人类生活中的重要工具。因此，跳绳可能源于原始的农事、狩猎或军事活动。后来，古人发现绳子不仅可以用在生活中，还可以用来做游戏，最早出现的跳绳相关的史料是汉代画像石上的跳绳图，证明至迟在汉代已经有了跳绳活动。

《北齐书·后主纪》中有一段有趣的记载："游童戏者好以两手持绳，拂地而却上，跳且唱曰：'高末'。高末之言，盖高氏运祚之末也。"这其中的意思是儿童进行跳绳游戏，一边跳一边唱，说明跳绳在古代已经和韵律、节拍结合在了一起。

南朝梁代宗懔《荆楚岁时记》中有"飞百索"的记载："正月十六日，群儿以长丈许，两儿对牵，飞摆不定，若百索

过去的宣传画中孩子们跳绳的场景

然。群儿乘其动时轮跳，以能过者为胜。"

魏晋以后，历代都有跳绳活动的记载。宋代高承的《事物纪原》中，就已有对跳百索的记载。高承认为，跳百索源于汉代的一种以朱索装饰门户以辟邪的习俗，"故汉五月五日，以朱索五色即为门户饰，以难上恶气，今有百索，即朱索之遗也"。

南宋后，跳绳发展形式多样化，与许多杂技动作结合，甚至比现代跳绳动作还要丰富。辽时，儿童跳绳也很流行。宣化辽墓中的"幼儿跳绳图"有一画面内容表现的是三个儿童的跳绳游戏。

到了明代，跳绳渐渐成为一种民俗。每逢佳节，民间都有跳绳活动，而且出现了多人轮跳的游戏方式。据沈榜《宛署杂记·民风一》载："跳百索：（正月）十六日，儿以一绳长丈许，两儿对牵，飞摆不定，令难凝视，似乎百索，其实一也。群儿乘其动时，轮跳其上，以能过者为胜，否则为索所绊，听掌绳者绳击为罚。"而刘侗、于奕正在《帝京景物略·灯市》中记载："元夕（正月初一晚上），二童子引索略地，如白光轮。一童子跳光中，曰跳白索。"这些都是双人摇绳、多人轮跳的游戏方式。

跳绳在清代是一项冬季的户外活动，深受儿童喜爱。潘荣陛《帝京岁时纪胜·岁时杂戏》记录了清代北京元宵节民间的娱乐活动，其中提到："博戏则骑竹马，扑蝴蝶，跳白索，藏矇儿。"清道光二十年（1840年）由济南府知府王赠芳、王镇主修，成灌、冷烜编纂的《济南府志·风俗》中也载："每年孟春正月元旦……儿女以绳跳为戏，名曰'跳百索'。"清代彭蕴章自定的《松风阁诗钞》中也有记录，说："太平鼓，声咚咚，白光如轮舞索童，一童舞索一童唱，一童跳入光轮中。"

清代晚期出版的《有益游戏图说》中说："用六尺许麻绳，手执两端，使由头上回转于足下，且转且跃，以为游戏，是谓绳飞。"这里称跳绳为"绳飞"。

跳绳有单脚跳、单脚换跳、双脚并跳、双脚空中前后、左右分跳等多种方法，对促进少年儿童发展灵敏度、速度、弹跳及耐力等身体素质，皆有好处。因此，跳绳运动一直流传至今。到了现代，国家和社会越来越重视体育竞技，因此跳绳也随之被广泛地推广开来。

## 流　程

跳绳的动作很简单，只要跳绳者用单脚或双脚起跳，不被绳子绊住，也不会把绳子踩住即可。跳绳有跳短绳和跳长绳之分。

跳短绳是跳绳者自己持绳做环摆，然后自己跳动，也可带一人至数人同时跳动。

跳长绳是由两人持一长绳做环摆，一人或多人在其上跳动，跳绳时可做出各种技巧动作，也可以进行比赛。

跳绳比赛主要有两种方式：一种是比谁跳的次数多，一种是边跳边跑步，看谁先到终点。跳绳活动简便易行，且有利于训练身体的灵敏度和协调性，因此极受人们欢迎。

跳绳还是一项全身性的运动，孩子们可以一边唱歌谣，一边跳绳，他们从跳绳活动中学习到手脚配合的方法。如果孩子还不能学会跳绳，说明他缺乏一定的协调性，父母应有意识地加强孩子这方面的训练。

## 爬竿：倾城人看长竿出

爬竿在古代又称缘竿、载竿、寻橦等，或将竿木固定在平地，或支撑于身体某部位，表演者缘竿而上，做出各种惊险、优美的动作。特别长的竿，可数人同时爬，亦可立若干根竹竿比赛，以最先到达顶端者为胜。现已列为《国家体育锻炼标准》的项目之一。

## 渊　源

爬竿，古称"寻橦"，"橦"是"橦木竿"的意思。寻橦的历史可上溯到春秋战国时的晋国，当时有一些矮小的艺人，在矛戟的柄上进行爬缘表演，这大约便是"寻橦"的前身。

到汉代，寻橦已成为颇受百姓欢迎的节目之一。在汉代的"百戏"演出中，往往安排一个压轴戏——"百马同辔"，即出现许多戏车，车上架橦木，由幼童在戏车的橦木顶部"上下翻翻"，表演其高超技能。孔望山汉代摩崖造像中，有一幅《寻橦图》，形象地展示了寻橦的场景：表演者两人，一人托竿，一人在竿上表演。

根据《汉书》记载："自合浦南，有都卢国。"《大康地志》又云："都卢国，其人善缘高。"因此，寻橦又因都卢国人善缘木而得名"都卢伎"。

东汉张衡在《西京赋》中言汉代杂技百戏时提到"都卢寻橦"，并着重

《明宪宗元宵行乐图卷》中的爬竿场景

写了寻橦之技："尔乃建戏车，树修旃。侲僮程材，上下翩翻。突倒投而跟公式，譬隕绝而复联。百马同辔，骋足并驰。撞末之技，态不可弥。"这里人在竿上的表演，就是后世爬竿的雏形。

西晋时，洛阳的傅玄在《正都赋》中写道："乃有材童妙妓，都卢迅足，缘修竿而上下，形既变而景属，忽跟挂而倒绝，若将坠而复续。"可见此时爬竿动作难度很高，表演十分精彩。

唐朝，爬竿技艺的发展达到一个高峰。当时，唐朝诗赋中多有描写顶竿之技。王邕在《勤政楼花竿赋》中提到："初腾陵以电激，倏缥缈而风旋。或暂留以头挂，又却倚而肩连。"在唐代达官贵人的出行仪仗上，常常以载竿杂技表演为前导，以显示自己的豪奢气派。

敦煌莫高窟156窟的晚唐壁画《宋国河内郡夫人宋氏出行图》中就是以爬竿为前导。唐人张祜在《杂曲歌辞·千秋乐》中提到："倾城人看长竿出，一伎初成妙解愁。"

明清时期，爬竿在民间广为流行，街头巷尾时常可见到爬竿艺人表演。表演的艺人爬上竿之后，还在竿顶表演复杂的动作，比如"扯顺风旗""倒立""站竿"等，十分精彩。

爬竿也是我国羌族传统民俗竞技活动，又称"爬花竿"。用一坚硬的竹竿，长丈许，竿头系上红绸。几人把住竿尾，爬竿者徒手向上攀爬，众人围观喝彩，用最少的时间爬上竿顶者，就能得到大家的青睐。这种活动往往在节日期间表演。

## 流　程

爬竿是我国历史悠久的民间体育活动，种类多而各异。从置竿的形式区分，大致有三种：一是立金属长竿于地，一人或数人爬至竿的上部，表演各种惊险动作。二是将竹竿或木柱竖立于表演者肩上，另有1至3名表演者攀竿而上，进行各种表演。三是一名健壮者将竹竿或木柱顶在头上，另有几名表演者在竿上做各种优美动作，名之曰"戴竿"或"顶竿"。

现今一般的爬法是手握垂直而立的竹竿或木竿伸屈肢体而上，或用双腿夹竿，或用脚掌蹬竿，手脚协调配合，臂力较强者可两脚悬空，只用双手攀缘。特别长的竿，可数人同时爬，亦可立若干根竹竿比赛，以最先到达顶端者为胜。

"爬竿"由传统木制竿发展成如今的铁制或钢制竿，如今国内学校也可以看到钢制竿，也作为一项体育健身运动在推广，并且深受学生们喜爱。

# 舞石锁：花色动作刚柔济

古代武举考试大致是弓马刀石箭，而其中的"石"其主要制式就是石锁，是军营最重要的基础项目之一。石锁是武者最常见的力量训练工具，石锁虽构造简单，扔石锁的手法却丰富多彩，不仅能练力量，还能锻炼身体的柔韧性、灵敏性和平衡性。

## 渊 源

相传石锁起源于中国唐代军营。士兵常用石锁、石担子等锻炼身体，后流传于中国民间，演变为一项集力量、技巧、健身于一体的传统竞技项目。

过去，比如在天津某演艺场所，摔跤的、练武术的、踢毽子

**过去的石锁**

的、玩杂技的，还有举礅子、舞石锁的。表演时，他们双手各抓住一具石锁的把手，站马步，原地向前做着直拳、冲拳的练习。也有双手抓住石锁，在胸前做类似打太极的动作的。

舞石锁，集力量、技巧、健身于一体，历来深受习武人喜欢，在民国时期还成了一些运动会的竞赛项目。清代及民国时期，开封曾涌现出周开元、沈少三等不少舞石锁高手。1953年，开封石锁名家沈少三还被请到中南海怀仁堂做石锁表演，赢得了中央领导的称赞。

中华人民共和国成立后，虽然举重项目一律改用国际通用的杠铃作为器材，但舞石锁仍在民间流行。

2011年6月23日，舞石锁经国务院批准列入第三批国家级非物质文化遗产名录。

## 流　程

石锁是一长方形石块，在上面凿出一个把手，呈古时的锁形，以便举、接、掷、抓。舞石锁以花色动作为主，按运动方式可分为翻花、接花、组合套花；按形态和肢体舒展程度可分为小花和大花。

石锁举法主要有抓举和摆举，用正掷、反掷、跨掷、背掷等掷法和手接、指接、肘接、肩接、头接等接法组成各种各样的花色动作。小石锁以花色动作为主，男女老幼皆可练习。花色石锁表演时，石锁在全身上下飞舞，刚柔结合。20千克以上的大石锁则以练力量为主。有名目的花色动作有扔高、砍高、接高、扔荷叶、接荷叶、支梁、扇梁子、砍跟斗、撤荷叶、嘴巴荷叶、单花、双花、翻花、飘花、推花、打花、肘节、带黄鱼、推碚、磐头脑、盘地翻、雪花盖顶、捅螃蟹、翻麻雀、开四门、头顶、锁上拳、锁上肘、锁上指、别膀、苏秦背剑、骗马、腰穿、骗腿、腰穿上拳、骗腿上拳、四门斗、张飞跨马、关公脱袍、黑虎穿裆等。

石锁可一人单练，也可双人对抛练习。

# 拔河：却者为胜就者输

拔河在古代称为"牵钩"，源于春秋战国时期。现代，有很多所小学、中学的老师们课间会安排同学们进行这项体育活动，此项体育活动可以锻炼孩子们的团结能力，提高孩子们的团结意识。

## 渊 源

拔河，是一种群体性质的角力活动，从先秦时角抵、角力、举鼎发展、演变而来，古称为"钩强"或"牵钩"，后演变为荆楚一带民间流行的"施钩之戏"。

《隋书·地理志》称，故楚地南郡、襄阳一带"有牵钩之戏，云从讲武所出。楚将伐吴，以为教战，流迁不改，习以相传。钩初发动，皆有鼓节，群噪歌谣，震惊远近。俗云：以此厌胜，用致丰穰，其事亦传于他郡。"这里的"牵钩之戏"，实际上是当时配合水战的一种军事技能。

公输子鲁班给楚国设计制造了一种在战船上进行水战的兵器，叫作"钩强"。敌船败退时，可用"钩强"钩住敌船，使其不能逃脱；敌船行进时，又可用"钩强"顶住敌方船只，使其不得靠近。牵是拉的意思，钩指钩拒。这一形式用于军队水战的训练中，可以锻炼水军战士作战时钩拉或强拒的能力，故称之为"牵钩"。当时，楚国在训练水军时，是用薄竹片劈成细条做成的"篾缆"代替长钩，将士分成两队，各执篾缆的一端进行对拉，互相较力。后来，楚国的这项水军演练项目，逐渐普及到民间，广为流传。南朝梁宗懔所撰《荆楚岁时记》称，立春之日，"为施钩之戏，以绠作篾缆，相霄（系）绵亘数里，鸣鼓牵之"。"施钩"即"牵钩"。有的地区还把这项军体运动变成一项民间的体育娱乐活动，形成一种习俗，每逢佳节就用"牵钩"之戏来进行庆贺。

到了唐代，拔河很盛行，《新唐书·兵志》载："六军宿卫皆市人，富者贩缯采，食粱肉，壮者为角抵、拔河、翘木、扛铁之戏。"唐封演《封氏闻见记》记载："拔河，古谓之牵钩，襄汉风俗，常以正月望日为之。"说明到了唐代，正式有了拔河之名。唐玄宗李隆基就作过一首《观拔河俗戏》诗："壮徒恒贾勇，拔拒抵长河。欲练英勇志，须明

年画上的拔河场景

胜负多。噪齐山岌嶪，气作水腾波。预期年岁稔，先此乐时和。"可见这项群体活动，参加的人数很多，且多是年轻力壮者。

宋代，拔河活动也偶有记载。宋梅尧臣《江学士画鬼拔河篇》："分明八鬼拔河戏，中建二旗观却前。"元代以后，关于拔河的记载很少见到，大概是拔河活动衰落所致。

晚清时期，拔河游戏在民间仍有流行。

清朝末年，西方的拔河运动传入我国，被列入学校体育课与课外体育活动的内容。此后，我国古代的拔河形式逐渐消失。

## 流　程

古时，拔河用的绳子是用竹篾编成的缆绳，现在则用大麻绳代替，绳长几十米，绳子两头分别系着好几百条小绳索，挂在前面。拔河时将人分成两队，在大麻绳的中间，竖一面大旗当作界线或系一条红绸布，以敲鼓作为信号，让两队朝相反方向拉绳。最终能向后退的一队胜利，接近界线的一队失

年画上的拔河场景

败，这就叫作"拔河"。

古代参加拔河的人数比现在多得多。大绳正中插一根大旗，旗的两边画两条竖线，称为河界线。比赛时，以河界线为胜负标志，所以改称"钩拒之戏"为"拔河"。

唐代起初的拔河活动以拉扯竹索为主，到了隋朝时期已将竹索改为大绳，绳长约160米，两头还分别系小绳索数百条。在古代，拔河时还要敲着大鼓，以壮士气。

## 斗蟋蟀：张牙舞爪怒气冲

斗蟋蟀亦称"秋兴""斗促织""斗蛐蛐"，是用蟋蟀相斗取乐的娱乐活动。斗蟋蟀流行于全国多数地区，每年秋末举行。斗蟋蟀的寿命仅为百日左右，这就将斗蟋蟀的季节限定在了秋季。而在古代汉字中，"秋"这个字正是蟋蟀的象形。

## 渊　源

我国的蟋蟀文化，历史悠久，源远流长，主要发源于长江流域与黄河流域的中下游。

在《诗经》中，就有《蟋蟀》之篇。人们已观察到秋季转凉、蟋蟀入堂的规律，留下了"蟋蟀在堂""十月蟋蟀入我床下"之类的诗句。

魏晋时代，常称蟋蟀为"促织"，亦称"趋织"。妇女们听到它叫，就想到秋气转凉，仿佛虫声是在促其赶紧织布，缝制寒衣，故古代幽州地方有谚曰："趋织鸣，懒妇惊。"

五代人王仁裕著《开元天宝遗事》，书中有《金笼蟋蟀》条曰："每至秋时，宫中妇妾辈，皆以小金笼捉蟋蟀，闭于笼中，置之枕函畔，夜听其声。庶民之家皆效之也。"人们在赏玩蟋蟀的过程中，终于发现两尾蟋蟀（即雄性者）具有好斗的特性，于是率先在宫禁中兴起斗蟋蟀之戏。尔后，又发展成为赌博。宋人顾文荐《负曝杂录》中说：唐天宝间，长安人斗蟋蟀成风，"镂象牙为笼而畜之，以万金之资付之一喙"。

从唐宋起，有不少文人墨客总结民间喂养、驯斗蟋蟀的经验，编纂成《蟋蟀谱》《促织经》《蟋蟀教养法》等专著，从蟋蟀的产地、捕捉、喂养、格斗、器皿，到蟋蟀的形象，都有专门著述。

宋代黄惟亮绘《斗蟋蟀》图

南宋时期，斗蟋蟀达到顶峰。此时斗蟋蟀已不限于京师，也不限于贵族。市民，乃至僧尼也雅好此戏。南宋末年宰相贾似道，酷好养、斗蟋蟀。他在相府中筑了一座半闲堂，专门养、斗蟋蟀，因而误了国事，遭国人唾骂。明朝的宣宗皇帝朱瞻基还下令各地进贡蟋蟀，流传下"蟋蟀瞿瞿叫，宣德皇帝要"的谣谚。

到了清朝，王公贵族都喜欢斗蟋蟀。每年秋季，京师就架设起宽大的棚场，开局赌博。

在20世纪五六十年代，斗蟋蟀被视为"旧文化"，并和麻将等娱乐活动一起被定位为非法活动。如今，很多人在休闲娱乐方面也逐渐重拾传统，呈现出年甚一年的趋势。

在我国，真正的蟋蟀名产地在山东齐鲁大平原，山东的宁津县是蟋蟀最好的产地，宁津品种的蟋蟀头大、项大、腿大、皮色好，挑选的蟋蟀都是上层佳品。

## 流　程

斗蟋蟀须遵循一定的仪式。事先要将蟋蟀隔离一天，以防止在开斗之前作弊。蟋蟀将按称重配对。古时娱乐性的斗蟋蟀，通常是在陶制的或瓷制的蛐蛐罐中进行。两雄相遇，一场激战就开始了。

首先，蟋蟀会猛烈振翅鸣叫，一是给自己加油鼓劲，二是要灭灭对手的威风，然后才龇牙咧嘴地开始决斗。头顶，脚踢，卷动着长长的触须，不停地旋转身体，寻找有利位置，勇敢扑杀。

几个回合之后，弱者垂头丧气，败下阵去，胜者昂首挺胸，趾高气扬，向主人邀功请赏。

蟋蟀的角斗场面是激烈的，但很少致命。通常会有一只蟋蟀认输并逃跑或跳出斗盆。斗败的蟋蟀有时候会被生气的主人扔到大街上。

现在打斗的蟋蟀的来源，基本上是从市场上购买的，这些蟋蟀大多是由农村田野里捕捉的。经过几天的喂养和调教后，蟋蟀会逐步熟悉新的环境，这时就可用它来进行打斗了。

清道光时期的蟋蟀罐

# 斗鸡：日沉月上且斗鸡

斗鸡是以善打善斗而著称的珍禽，又名打鸡、咬鸡、军鸡。斗鸡游戏起源于亚洲，中国是世界上驯养斗鸡的古老国家之一。民间有中原斗鸡、漳州斗鸡、新疆斗鸡和云南斗鸡"中国四大斗鸡"之说。

## 渊　源

斗鸡最早见于《左传·昭公二十五年》："季、郈之鸡斗，季氏介其鸡，郈氏为之金"，就是说季平子将芥末撒在鸡的翅膀上（或云以胶漆其羽毛，使之类似铠甲），郈昭伯在他的鸡距（雄鸡的后爪）扎上金属刀子。

斗鸡在战国时期已很盛行。《国策·齐策》记载："临淄甚富而实，其民无不吹竽、鼓瑟、击筑、弹琴、斗鸡、走犬。"

魏晋时代，寒食斗鸡很流行。应场《斗鸡诗》中描写道："二部分曹伍，群鸡焕以陈。双距解长，飞踊超敌伦。芥羽张金距，连战何缤纷。从朝至日夕，胜负尚难分。"

魏明帝于太和（公元227—232年）年间，在邮都（今河北省魏县）筑起了斗鸡台，赵王石虎玩斗鸡于此，曾有"斗鸡东郊道，走马长楸间"的诗句。

斗鸡之风，至唐代仍很

清代康熙时期青花瓷盘上的斗鸡纹饰

盛。花蕊夫人《宫词》有云："寒食清明小殿旁，彩楼双夹斗鸡场。内人对御分明看，先赌红罗被十床。"李白《古风》诗云："路逢斗鸡者，冠盖何辉赫。鼻息干虹霓，行人皆怵惕。"杜甫的《斗鸡》写道："斗鸡初赐锦，舞马既登床。"唐朝好几个皇帝都喜欢

民国时期的斗鸡场景

斗鸡。唐代文学家陈鸿的《东城父老传》记有："玄宗在藩邸时乐民间清明节斗鸡戏，及即位，治鸡坊于两宫间，家长安雄鸡，金毫、铁距、高冠、昂尾千数，养放鸡坊。"可见当时玩斗鸡到了何等程度。

唐代的记载表明，斗鸡是清明节习俗。为什么以清明节为盛呢？这是因为古人掌握野鸡的生活习性，清明至农历六月是交尾孵蛋期，雄鸡为择偶厮杀最烈。人们发现清明时节家养雄鸡性情也最烈。

清明斗鸡习俗，至今仍存民间，以河南开封最知名。从北宋至今，开封斗鸡活动一直盛行于民间。

## 流　程

斗鸡以体型魁梧、体质健壮结实、结构匀称紧凑、筋肉发达强健、肌肉发达、性强悍、善斗为基本特征。

养斗鸡的目的在于打斗。斗鸡的优劣要视其斗性和斗技。

1. 斗性

斗鸡的选择，主要是斗性顽强、特别是打斗到最后仍有斗性的鸡。

2. 斗技

斗鸡的斗技有几种类型：即高头大咬者（斗架时头势昂得高、斗势好看）；平头平身打法（斗势不太好看）；跑圈打法（打几下就跑圈）；四路

全打者（全能，为最理想的打法）。不管哪种打法，只要善打两种以上，且有重腿，就属于优秀斗鸡。

斗鸡取胜的关键在于打腿的准、重、快。准是指能否打到对方的头上；重是指出腿打击力的轻重；快是指单位时间内起腿打击的次数并能连续打几腿。

为了培养好的斗技，就要对斗鸡加以训练，增强体质。

1. 耐力训练

饲养者于黎明前即起，对鸡进行引导训练。选择一定的场地对斗鸡加以驱赶，不让其休息，训练其耐力，增强其运动能力。

2. 弹跳训练

训练者双手抓住鸡的身体，让双腿朝下，自半空往地面蹲下来，反复下蹲无数次，从而加强筋腱及大腿部肌肉的强壮度，为打斗跳跃奠定基础。

宋代《花竹斗鸡图》中的斗鸡形象

3. 空腹

食饱后，一者斗鸡打斗时容易啄坏嗉囊，引起食物外溢；二者体重增加了，弹跳的负荷加大，不易跳起，因此训练者往往也把空腹作为训练的一个重要内容。

经过训练，斗鸡的斗性与斗技大大提高，斗鸡也形成了自己一套特殊的打斗法。

# 舞龙：昂首摆尾蜿蜒走

中国是龙的故乡，中华民族以龙的传人自居。龙文化是中华民族最重要的图腾文化。在古代，人们把"龙"作为吉祥的化身，寄托着风调雨顺的愿望，因此，用舞龙祈祷神龙的保佑，以求得风调雨顺，四季丰收。到了现代，舞龙已发展成为一种形式完美、具有相当表演技巧和带有浪漫主义色彩的民间舞蹈艺术。

## 渊　源

龙的形象是古人为了寄托美好愿望而创造的。古人把龙、凤、麟、龟称为四灵，其中龙的造型尤为优美矫健，昂扬奋发，刚柔相济。

早在殷商时代，铜器和骨刻上就有龙形图案。到了周代，铜器上的龙纹渐趋完整。

舞龙最初只是一种祭祀，而非娱乐。据汉代董仲舒的《春秋繁露》记载，当时在四季的祈雨祭祀中，春舞青龙，夏舞赤龙和黄龙，秋舞白龙，冬舞黑龙。每条龙都有数丈长，每次5到9条龙同舞。为了祈雨，人们身穿各色彩衣，舞起各色大龙。渐渐地，舞龙成为人们表达良好祝愿、祈求人寿年丰必有的形式。

全国的舞龙有上百种，经过几千年的流传和发展，表现的形式更是多种多样。各地、各族人民的舞龙表演，种类繁多，各具特色，常见的有火龙、草龙、贵州毛、布龙、纸龙、花龙、筐龙、段龙、烛龙、醉龙、竹叶龙、荷花龙、板凳龙、扁担龙、滚地龙、七巧龙、大头龙、夜光龙、焰火龙等近百种之多，其中流传比较广泛的有以下几种：

### 1. 龙灯

龙灯也称火龙、金龙。用竹篾扎成龙头、龙身和龙尾，3到10多节不等，节数多为单数。节与节之间以100到170厘米绸布相连，再用色彩绘成龙的形象。每节中都燃有灯烛，节下装有木柄，供舞时握持。舞蹈时，一人手拿彩灯，在龙头前领舞，表现出龙抢宝珠的场面。

### 2. 草龙

草龙主要流行于南方各地。龙用稻草、青藤或柳枝等扎成。有的地方还在龙身上插满香火，所以也称香花龙。一般于农历五月和六月间的夜晚舞这种龙。过去闹虫灾时多舞草龙，有的地方在祈雨时舞弄，并向龙泼水，故又称水龙。

### 3. 百叶龙

百叶龙主要流行于浙江省。舞蹈开始时，人们分别手持装有木柄的荷花灯、荷叶灯和蝴蝶灯，穿插起舞。最后一只大荷花灯变作龙头，蝴蝶灯化作龙尾，其他灯结成龙身，犹如一条花龙腾空而起。

### 4. 段龙

段龙主要流行于江苏省。龙头、龙身和龙尾互相不用布相连，只在龙头和每节龙身上扎230到300厘米红绸。段龙多由妇女舞弄，轻盈优美，具有

**过去年画中的舞龙灯**

江南水乡舞蹈的特色。

当人们舞起彩龙来取乐时，它的祭祀性质开始悄悄隐退，而逐渐成为一种具有繁多表演技巧的传统舞蹈艺术。

## 流　程

舞龙一般用竹、木、纸、布扎成，节数不等，多为单数。其形象按颜色不同，可分为火龙、青龙、白龙、黄龙，每节内能燃烧烛的称龙灯。

舞龙有形、技、法、情四大要素。其中，形包含圆、连、顺、灵四种形态；技指人与龙体、龙珠与龙体、音乐与龙体的配合；法包含舞法、步法、握法、鼓乐法；情指人、龙之间情感的表达，即舞龙时表现出的喜怒哀乐等情感。

剪纸作品——舞龙灯

民间的舞龙活动通常在露天广场或舞台上进行，而竞赛活动则是在边长为20米的正方形平整场地上进行。

一般来说，龙的身长20米左右，直径60到70厘米，内用铁丝做成圆形，安上灯泡或蜡烛，外用纱布包裹涂色而成。舞龙者由数十人组成。一人在前用绣球斗龙，其余全部举龙，表演二龙戏珠、双龙出水、火龙腾飞、蟠龙闹海等动作。

舞龙大体可分为南龙和北龙。

1. 南龙

南龙，顾名思义，在江南一带发展出来的舞龙形式。南龙的龙身比较重，龙头是整条龙中最重的部分。动作上说，没有像北龙般注重花巧，而是注重体力。

引南龙的，拿一颗龙珠需要一个人，再加上龙身，通常就要有十个人左右。龙身大约长九米。由于南龙不追求灵活，所以，龙身可以在二十米、百米，甚至有千米长龙。龙头大小，亦因龙身的长短而改变。

在制作上，南龙比较传统，龙头用竹纸扎。传统的龙身花纹是用布缝上去的，而比赛龙的龙身花纹，为求轻巧，也是在布上画出来的。南龙的动作，通常有盘圈、"S"弯、龙头越过龙身等。

代表有杨店高龙。杨店高龙是孝感市第二批及湖北省第三批非物质文化遗产。

每年从腊月开始着手用竹片扎龙灯、龙身、龙尾、绣龙衣，用彩纸扎龙头、龙尾，并连接彩龙头、龙身、龙尾组成一条完整的龙灯，整条龙灯有12节，表示一年有12个月份。杨店高龙多用竹、木、布、彩纸扎成，龙衣一般用黄、青、白、赤、黑五色，传说代表金、木、水、火、土五行。龙灯躯体内燃烛。

2. 北龙

北龙是在江北一带发展出的风格。以龙身来说，北龙龙头比较细小和轻巧，用料方面，多是用传统的纸扎成，比较新颖的用轻身的胶质。北龙的动作范围细而多，故而所要求的体力亦相对降低。北龙在世界上比较流行。在我国内地、我国香港地区以及马来西亚、新加坡，都经常举办舞龙的龙艺赛事和表演。

# 舞狮：雄壮威武嬉戏乐

舞狮是中国历史传统艺术，也是乡土文化之一，狮子在中国人心目中为瑞兽，象征着吉祥如意，从而在舞狮活动中寄托着民众消灾除害、求吉纳福的美好意愿。每头狮子有两个人合作表演，一人舞头，一人舞尾。表演者在锣鼓音乐下，装扮成狮子的样子，做出狮子的各种形态动作，富有阳刚之气。

## 渊　源

舞狮源自汉朝，汉武帝时期，张骞出使西域，经过文化交流，狮子从西亚通过"丝绸之路"来到中国，驯狮舞蹈这种西亚古老的杂技节目首次传来华夏。毕竟本土不产狮子，狮子运输又不容易，所以狮子在当时很少见，有也是在宫廷当中，而惊

**清代沉香木制狮子摆件**

险刺激的驯狮舞蹈，只能局限于皇宫内苑举行，平民百姓是无缘观看的。渐渐地，有民间艺术家便根据书籍及传闻记载，运用其艺术构思，进行塑造与装饰，制成假狮子，突出狮子宽阔前额，撅起鼻子、张开大口的外形，给人一种既勇猛又温顺，既威武又充满活力的感觉。自此之后，便有了民间舞狮的出现。

有关舞狮的记载，出现于三国时期，《汉书·礼乐志》中提到"象人"，据三国时的解释，就是扮演"鱼、虾、狮"的艺人。从晋到隋，舞狮活动逐步推广，隋朝更流行鸟兽舞，此种鸟兽舞一般在元宵佳节举行。

北魏期间，人们于农历四月四日佛祖降生的日子，将佛像从庙堂请出游街，供人瞻仰，以示敬意，就在游行队伍的前面，排列了戴面具、穿兽皮者，装成狮子模样，边行边开路，此举亦具有镇邪驱魔的作用。因此，舞狮在南北朝时随佛教而盛行。南北朝之后，其他鸟兽舞逐渐被淘汰，只有舞狮却一直流传下来。

到了唐朝，舞狮是大型宫廷舞蹈表演的一种。当时的"太平乐"亦称"五方狮子舞"。唐代段安节在《乐府杂寻》中说："戏有五方狮子，高丈余，各衣五色，每一狮子，有十二人，戴红抹额，衣画衣，执红拂子，谓之狮子郎，舞太平乐曲。"诗人白居易《西凉伎》诗中对此有生动的描绘：

"西凉伎，西凉伎，假面胡人假狮子。刻木为头丝作尾，金镀眼睛银帖齿。奋迅毛衣摆双耳，如从流沙来万里。"诗中描述的是当时舞狮的情景。当时的舞狮子，还流传到了日本。日本的一幅《信西古乐图》中，就画有古代日本奏乐舞的场面，与唐代的相似，只是规模小得多。唐代以后，舞狮子在民间广为流传。

宋代的《东京梦华录》记载说，有的佛寺在节日开狮子会，僧人坐在"狮子"上做法事、讲经以招徕游人。

明代开始，舞狮由户外发展到室内，狮子制作有所突破，改用拱斗抬梁，替换中间柱子，形态更像一只狮子，挥舞动作有所改变，活动自如，狮队更能欢畅舞动。明人张岱在《陶庵梦忆》中，介绍了浙江灯节时，大街小巷，锣鼓声声，处处有人围簇观看舞狮子的盛况。

在一千多年的发展过程中，狮舞形成了南北两种表演风格。

北派狮舞以表演"武狮"为主，即魏武帝钦定的北魏瑞狮。小狮一人舞，大狮由双人舞，一人站立舞狮头，一人弯腰舞狮身和狮尾。狮子在"狮子郎"的引导下，表演腾翻、扑跌、跳跃、登高、朝拜等技巧，并有走梅花桩、窜桌子、踩滚球等高难度动作。

南派狮舞以表演"文狮"为主，表演时讲究表情，有搔痒、抖毛、舔毛等动作，惟妙惟肖，惹人喜爱，也有难度较大的吐球等技巧。南狮以广东为中心，并风行东南亚的华侨聚集区以及我国香港和澳门等地。

## 流　程

最初北狮在长江以北较为流行，而南狮则是流行于华南、南洋及海外。近些年来亦有将二者融合的舞法，主要是用南狮的狮子，北狮的步法，称为"南狮北舞"。

北狮的造型酷似真狮，狮头较为简单，全身披金黄色毛。舞狮者（一般二人舞一头）的裤子、鞋都会披上毛，未舞看起来已经是惟妙惟肖的狮子。狮头上有红结者为雄狮，有绿结者为雌狮。北狮一般是雌雄成对出现；由装扮成武士的主人前领。有时一对北狮会配一对小北狮，小狮戏弄大狮，大狮弄儿为乐，尽显天伦。北狮表演较为接近杂耍。配乐方面，以京钹、京锣、京鼓为主。

**年画中的狮子形象**

南狮又称醒狮，造型较为威猛，舞动时注重马步。狮头以戏曲面谱作鉴，色彩艳丽，制造考究；眼帘、嘴都可动。严格来说，南狮的狮头不太像狮子头，有人甚至认为南狮较为接近年兽。传统上，南狮狮头有刘备、关羽、张飞之分。红色为关公狮，代表忠义、胜利，关公狮又代表财富；黄色为刘备狮，代表泽被苍生、仁义及皇家贵气；黑色为张飞狮，代表霸气、勇猛，故一般张飞狮只有在比赛或者踢馆挑战时才用，一般喜庆之事还是红、黄色狮子为常见。

南狮讲究的是意在和神似，有出洞、上山、巡山会狮、采青、入洞等表演方式，其中"采青"最为常见。

舞南狮时会配以大锣、大鼓、大钹。舞南狮有时还会有一人扮作大头佛，手执葵扇带领。

## 踩高跷：拟鹤跳舞似秧歌

踩高跷俗称缚柴脚，亦称"高跷""踏高跷""扎高脚""走高腿"，是民间盛行的一种群众性技艺表演，由舞蹈者脚上绑着长木跷进行表演。踩高跷是中国传统民俗活动之一，技艺性强，形式活泼多样，深受群众喜爱。

## 渊 源

关于高跷的起源，学者们多认为与原始氏族的图腾崇拜、沿海渔民的捕鱼生活有关。

1. 图腾说

历史学家孙作云以《山海经》古文献所记"长股之国在雄常北，被发，一曰长脚"为据，认为长股国人即用木跷扎在脚上的长脚人。尧舜时的丹朱是以鹤为图腾的氏族，高跷戏直接出于古代的鹤图腾氏族的跳舞。

近代有学者认为，甲骨文中有一字可以解释为"像一个人双脚蹈矩棍而舞"，如果得以成立，至迟商代后期，这种民间独特的踩高跷舞蹈形式就已经问世。这又是源于图腾崇拜的补充。

2. 劳动说

晋人郭璞注释"长股之国在雄常北，被发，一曰长脚"，认为长脚人常负长臂人入海中捕鱼，联想到，脚长是绑扎着木跷，手长是手中拿着长木制作的捕鱼工具。

不管高跷起源于什么，高跷本属我国古代百戏之一种，早在春秋时已经出现。我国最早介绍高跷的是《列子·说符》篇："宋有兰子者，以技干宋元。宋元召而使见其技。以双枝长倍其身，属其胫，并趋并驰，弄七剑迭而跃之，五剑常在空中，元君大惊，立赐金帛。"这段话是说在宋国有一个会杂耍的艺人希望能够为宋元君表演，宋元君同意了，并让他当众表演。于是这个人把两根比自己身子还高的木棍绑在小腿上，还能走能跑，手里还拿着七把剑，不停地向上

16世纪尼德兰绘画中的踩高跷场景

扔轮换，并始终保持着五把剑在空中。宋元君大为赞赏，马上叫人赏赐黄金给这个艺人。

到了汉魏六朝时期，高跷称为跷技，宋代叫踏桥。清代以后称为高跷。

以前，每到农历正月，一队队高跷会，在腰鼓、小锣、大小钹的打击乐中穿街而过。一拨儿高跷人数不定，一般十几人。身量高的踩低跷，身量矮的踩高跷。高跷会一般由群众自发串联组织起来，正月十五正式上街，直到正月十八方告结束。高跷的队列在街头行进中，一般采用一字长蛇阵的单列，在繁华拥挤地段采用双人并列队形。步子变换为走八字。在表演时有小旋风、花膀子、鹞子翻身、大劈叉等难度比较大的危险动作。

现在，高跷艺术在一些农村的冬闲期间，仍有组织排练的。在城市各处的游园会、庙会中也时有所见。

## 流　程

据古籍中记载，古代的高跷皆属木制，在刨好的木棒中部做一支撑点，以便放脚，然后再用绳索缚于腿部。表演者脚踩高跷，可以做舞剑、劈叉、跳凳、过桌子、扭秧歌等动作。

北方的高跷秧歌中，扮演的人物有渔翁、媒婆、傻公子、小二哥、道姑、和尚等。表演者扮相滑稽，能唤起观众的极大兴趣。

南方的高跷，扮演的多是戏曲中的角色，关公、张飞、吕洞宾、何仙姑、张生、红娘、济公、神仙、小丑皆有。他们边演边唱，生动活泼，逗笑取乐，如履平地。

今人所用的高跷，多为木质，表演有双跷、单跷之分。双跷多绑扎在小腿上，以便展示技艺；单跷则以双手持木跷的顶端，便于上下，动态风趣。其表演又有文跷、武跷之分，文跷重扮相与扭逗，武跷则强调个人技巧与绝招，各地高跷，都已形成鲜明的地域风格与民族色彩。

# 放风筝：忙趁东风放纸鸢

我国是风筝历史最为古老悠久的国家之一。放风筝是老幼皆宜、健康身心的娱乐性体育活动。清朝的富察氏在《燕京岁时记》中记载："儿童放之（风筝）空中，最能清目。"放风筝时，需要牵线跑步和昂首远视，这的确能增强体质，提高免疫力，有益于视力。

## 渊　源

说起风筝的起源，由于受社会发展条件的限制，能流传到现在的历史痕迹并不多见。学术界有以下几种说法：

第一种说法认为，风筝起源于先秦时代。此据有《韩非子·外储说左》记载"墨子为木鸢，三年而成，飞一日而败"。另据为《鸿书》记载：鲁班也曾制作过木鸢，曰："公输班制木鸢以窥宋城。"因墨子与鲁班同是鲁国人，据此说推断风筝鼻祖"木鸢"发源于齐鲁一带。

第二种说法认为，韩信是风筝的发明者。依据是宋人高承在《事物纪原卷八·纸鸢》中说："俗谓之风筝，古今相传，说是韩信所创。高祖之征陈郗也，信谋从中起，故作纸鸢放之，以量未央宫远近，欲以穿地隧入宫中也。"

第三种说法认为，风筝的发明年代在南北朝时期，即羊车儿之说。支持此说的文章引用的不少，在《资治通鉴》中是这样描述的："高州刺史李迁仁、天门太守樊文皎，将援兵万余人至城一。台城与援军信命已绝。有羊车儿献策，作纸鸦系以长绳，写敕于内，放以从风，冀达众军，题云：'得鸦送援军，赏银百两。'太子自出太极殿前乘西北风纵之。贼怪之，以为厌胜，射而下之。"

第四种说法认为，风筝由五代时期的李邺发明。所见文著有明代陈沂的《询刍录·风筝》，其中写道："五代李邺于宫中作纸鸢，引线乘风戏。后于鸢首，以竹为笛，使风入竹，如鸣筝，故名风筝。"

在历史上，风筝的用途曾经有过多次的转换，其最初的功能据说是用于军事，许多历史资料中都曾提到；公元前190年，楚汉相争，汉将韩信攻打未央宫，利用风筝测量未央宫下面地道的距离。而垓下之战，项羽的军队被刘邦的军队围困，韩信派人用牛皮做风筝，上敷竹笛，迎风作响（一说张良用风筝系人吹箫），汉军配合笛声，唱起楚歌，涣散了楚军士气，这就是成语"四面楚歌"的故事。

清代宫廷画家焦秉贞所绘儿童放风筝图

东汉期间，蔡伦发明造纸术后，坊间才开始以纸做风筝，称为"纸鸢"。

在正史中也有关于风筝的记载，是南朝的侯景之乱，梁武帝被侯景围困，城墙被包围。曾放风筝向外求援，据《南史》卷八十《侯景传》中所述，在梁武帝萧衍太清三年（549年）时，侯景作乱，叛军将武帝围困于梁都建邺（即今南京），内外断绝，有人献计制作纸鸢，把皇帝诏令系在其中，当时太子简文在太极殿外，乘西北风施放向外求援，不幸被叛军发觉射落，不久台城即遭攻陷，梁朝从此也衰微灭亡。这是简文施放风筝向外求救不幸失败的故事。

到了唐代中期，进入了繁荣稳定的发展阶段，风筝的功能开始从军事用途转向娱乐，风筝走向民间，风筝的类型也多了起来。中唐诗人元稹在他的咏物诗《有鸟二十章·纸鸢》中写道："有鸟有鸟群纸鸢，因风假势童子牵。"其他一些诗人也在唐诗中多次写有咏风筝的诗词。通过这些文献记载，可以看出盛唐时期风筝活动的情况。

到了宋代，风筝的流传更为广泛。宋徽宗便是一位风筝的热心倡导者。他除了自己在宫中放飞风筝外，据说还曾主持编撰了一本《宣和风筝谱》。因有文人的参加，象形风筝在扎制和装饰上都有了很大的发展。在当时，风筝已成为儿童的普通玩具。小儿竞放风筝已成为春天郊外的一景。同时由于社会上对风筝的需求，使制作风筝成为一种专门的职业。

到了明清时期，风筝的发展达到了鼎盛。由于年代距今不是太远，有不少的文献资料有关于风筝的记载。明清时期的风筝无论在大小、样式、扎制技术、装饰、放飞技艺上都比从前有了很大的进步。明清时代，许多文学家、画家还以风筝为题材，吟诗作画，留下了不少佳作。明代画家徐渭晚年时画了许多风筝画，并题了许多风筝画诗，据后人统计有30多首。在杨家埠和杨柳青年画中也有以放风筝为题材的。当时，许多文人也亲手扎绘风筝，除自己放飞外，还赠送朋友，并认为这是一件极风雅的事。

清代年画《十美图放风筝》

近代，我国的风筝事业得到了长足的发展。风筝作为体育运动项目和健身休闲娱乐活动开始普及，国内外的风筝比赛促进了风筝这项活动的普及。越来越多的人开始加入到这项活动中来。

## 流　程

风筝常用的是构造分类法，分为串式、桶式、板子、硬翅、软翅、自由类和现代类。

串式是把数只相同或者不同的风筝拴在一根或多根线上放飞的风筝，比如龙类、七仙女下凡、八仙过海等。

桶式是立体的，一般采用折叠结构的骨架由一个或多个圆桶或其他形状的桶组成，如宫灯、花瓶、火箭等。

板子类是平面板形的风筝，中间无凸起，四周有竹条支撑。升力片就是主体部分，四边有竹条支撑，形状多八角、菱形、正方形、四边形等。

硬翅类是升力片（翅）用上下两根横竹条做成翅的形状，两侧边缘高，

传统的沙燕风筝

中间凹，形成通风道。翅的端部向后倾，使风从两翅端部逸出，平着看像元宝形。

软翅类是升力片用一根主翅条构成，翅子的下端是软性的，没有依附主条。骨架结构多做成浮雕式，适宜于禽鸟和昆虫类形状的风筝。

自由类是以上种类的结合体，吸收各类风筝制作的长处制作而成。

现代类是随着科学技术的发展，利用现代材料、现代工艺制作的风筝。他的特点是好放飞，空中观赏效果好。运动风筝是现代风筝的一种，操作这种运动风筝需要两手同时牵动，能使放风筝的人获得很好的健身效果。

传统的中国风筝技艺包括"扎、糊、绘、放"四种技艺，"扎"即要达到对称，左右吃风面积相当；"糊"即要保证全体平整，干净利落；"绘"即要做到远眺清楚，近看真实的效果；"放"即要依据风力调整提线角度。在式样上，除传统的禽、兽、虫、鱼外，近代还发展出人物风筝等新样式。

以传统沙燕风筝为例，简单介绍风筝制作。

沙燕风筝分为雏燕、肥燕、半肥燕、瘦燕和半瘦燕等。这里以肥燕为例。对于初学者来说，在刚开始削制竹条的时候，不容易将竹条削得对称，一个简易的方法就是：可以将膀条用宽一些的竹条，均匀地由厚到薄削制，然后对劈为二，再削成要求的宽度，先用酒精灯煨成一定的弧度，然后把这两根竹条绑成一根膀条即可。

架子扎结时，先将上下膀条与头、腹条用细线绑在一起，注意上下膀条要放在头腹竹条的前面，且有竹青的一面朝前。腹条的下端在下料的时候要每边长出10毫米，绑好后再用钳子剪去。然后将尾竹条的上端削成楔形，在腹条中间用刀切一小口，将尾条插入其中用乳胶粘在一起，并用线绑好其与腹条中部和与下膀条相交的两点即可。

传统的沙燕风筝是三根提线，上二下一，对于初学者来说，建议绑两根提线，在上绑条和下绑条的正中间各绑一根提线，这样的作用在于，两根提线的调整要比三根提线容易得多。当风筝飞起来向某一方向偏的话，只需将上提线向这个方向移一些即可。

　　沙燕的绘画有着一定的规则，当然，也可以进行各式各样的改进和创新。

　　放风筝时要两人互相配合。一个人拿好风筝，用手抓住风筝的骨架的中心条，站在风筝背后或侧后，将风筝举起，使风筝略向前倾斜5度至10度，往前跑。另一个人右手拿线拐，左手拿风筝线，并把线慢慢放出10米至20米，线要拉紧，等到风力适宜时，持风筝的人向空中轻轻一松手，拿线的人随着风筝上升的方位和风势，不断调整自己站的位置，并调整放线的速度和长度，使风筝借助人的拉力和风力冲上蓝天。

　　拿线的人分几次把线放出180米至200米左右就可以了。一旦风筝飞到天上，就相对平稳了。

　　风筝停止放飞回收线时，绝不能操之过急，要顺着风势和风筝的方位不断调整，慢慢地把线绕到线拐上。注意别把线拉断。当风筝快要落地时，另一个人要把握时机，接好风筝，免得风筝直接摔在地上造成损坏。

　　放风筝要注意，切勿在有高压线电塔、有电线杆架设施处放。还要留意气候变化，如有台风、雷击现象，应马上停止施放并远离空旷处。尽量应选择空旷处，如公园、海滩、避免障碍物。

　　风筝如是平面有图案的，可挂在客厅和房间内做装饰品。纸风筝的保存，可以用胶袋装好，放在平宽的地方，不易损坏。大型风筝的保存，用两片三夹板夹起来，挂在高处，比较妥当。立体风筝的保存，最好用大型纸筒，把风筝装入保存，比较安全。

# 打花棍：高抛低挑上下翻

打花棍是一项传统的民族健身运动，不受场地限制，室内室外均可练习；不受年龄限制，男女老少均可练习。花棍在空中左翻右滚，花样百出，久不落地，极大地增强人的本体感觉功能和平衡能力。这一民俗，有的文艺团体已吸收为一种杂技表演节目。

## 渊 源

打花棍由来已久。在古时候打花棍称为打纣棍。据说是和商朝最后一任君王"纣王"有关。在陕北，驴子运肥上坡，驴子屁股后面要有一根棍子

清代李朴指墨《乞丐图》。过去乞丐乞讨，出门都会拿着一根打狗棒

横着，使它感到在敲打催促，只能前行，不敢后退，这棍子被叫作"纣棍"。纣王拒谏饰非、耽于酒色、暴敛重刑，百姓民不聊生，民怨四起。据说纣王和妲己都和筷子的发明有关，人们就用和筷子相似的两根木棍和一根类似"纣棍"的木棍进行相互击打派生出一种游戏，来排解愤懑，舒缓不满情绪，这一无奈之举客观上起到了锻炼身体的目的，也造就了一项民族的传统健身运动。

在漫漫历史长河中，打花棍

也几多沉浮。辉煌时，曾是京城皇宫贵族的娱乐消遣项目。萧条时，只得沦落街头，成为杂耍艺人养家糊口的工具。

明末清初，鲁南地区战乱频仍，百姓流离失所，逃荒要饭的人很多。在乞丐群体中，慢慢形成了不同的等级。不同等级的乞丐，手中所持木棍的颜色也不一样，其中，拿到红黑棍的乞丐，身份等级较高。他们把乞讨来的铜钱，用绳子系在红黑棍的两端，乞讨的时候，拿着棍子有节奏地敲打地面，并配以说辞。普通百姓听到这种声响，知道这个乞丐有来头，惹不起，赶紧用钱物打发走。这种乞讨方式称作"打花棍"。

后来，随着时间的演进，"打花棍"这种乞讨方式，逐渐被费县民间文艺班社吸收改进，演变成了一种民间舞蹈，并对其作了几处改动。第一，用竹棍代替了原来的木棍，把竹棍的两端掏空，把铜钱放置其中，摇晃发出声响。第二，竹棍的颜色，也由原来的红、黑两色，变成了红、黄、绿等多种颜色。第三，花棍击打地面的同时，脚步的变化也更加复杂，逐渐舞蹈化。第四，配词也由简单的说唱，演变成了较为复杂婉转的唱曲，如《十八里相送》等。

如今，"打花棍"这种民间舞蹈形式在老北京灯市口、厂甸、天桥等庙会上，都可以看到它的身影。那些杂耍艺人、撂地摊的，在开始打场子时，先用打花棍招揽观众和控制场地大小，然后再演其他节目。

## 流　程

打花棍现有两种形式，一种是少数民族传统的山寨打花棍；另一种打花棍则是源于北宋都城东京（今开封），如今成为北京、武汉、成都、唐山、东北等地盛行的健身运动。

### 1. 少数民族山寨打花棍

少数民族山寨打花棍表演时，八人分四组对打。姑娘们身着民族服饰，边歌边舞，手舞花棍，不停地击打自己的头、肩、胸、臂、背、膝腿、足等身体各部位，交换队形互相击打。

打花棍有点打棍、来回扫棍、旋转扫棍等打法，基本跳法有左跳、右跳、上跳、跨跳、跳起转体等。

2. 老北京打花棍

老北京打花棍由三根60厘米长的直棍组成。其中左右手各握一根称为手杆，剩下的一根称为花棍。用手里的两根手杆分别击打花棍的不同部位，使花棍的运动轨迹发生改变，高抛低挑，上下翻飞，左右旋转，做出各种花样动作以达到锻炼身体的目的。

打花棍基础口诀为：打花棍，有技巧；从头起，一拃内；双手杆，与肩宽；挟棍头，靠一边；左右挑，力向上；离开地，要牢记；一拃内，别着急。

一拃内是受力范围，无论是花棍还是手杆，从头起用手量出一拃的距离，这个距离就是受力范围。每次击打的受力点都不能出这个受力范围，也就是花棍上第一条线附近，手杆上的彩色条纹区域。

# 捻捻转儿：木制实心涂彩漆

早年间，孩子们的玩具品种很少，捻捻转儿就是他们手头上自己制作的玩具之一。捻捻转儿构造简单，在锥形木块的平面中心嵌入一根小木棍，再涂上自己喜欢的颜色就行了。陀螺与捻捻转儿两类玩具，形制玩法不大一样，但使其旋转为戏则是一致的。一个是在地上抽转，一个是在桌上捻转。这是一种小时候十分普及的小型玩具。

## 渊　源

捻捻转儿历史久远，古时曾叫"妆哉""千千"等名。我国现代著名民间文艺学家李家瑞（1895—1975）在《北平风俗类征游乐》中，引清杭世骏《道古堂诗集》卷一《妆域联句序》记载说："妆域者，形圆圜如璧，径四寸，以象牙为之。面平，镂以树石人物，丹碧粲然，背微隆起，作坐龙蟠屈状，旁刻'妆域'二小字，楷法精谨。当背中央凸处，置铁针仅及寸，界以局，手旋之，使针卓立，轮转如飞，复以袖拂，则久久不停，逾局者有罚。相传为前代宫人角胜之戏。如《武林旧事》所载'千千'。"

清代樊彬在《历代旧闻·燕都杂咏》中形容捻捻转儿："深宫妆域戏，旋转月同圆。不用弹棋局，争分脂粉钱。"

当时宫廷或者富贵之家所玩，都是贵重物品，民间所玩耍的都是简单的、不值钱的小玩意儿。

20世纪七八十年代，很多孩子玩的捻捻转儿一般很廉价，有的可以自己动手制作。如铜制钱捻捻转儿，找一铜制钱，将一个半寸长的毛笔管儿或其他竹、木棍儿塞入钱孔拧紧，下端削尖，上端削细，用大拇指和食指捏捻其上端细柄，即可旋转起来。方木捻捻转儿，中心体周围四面和上面皆呈方形，下端削成四面斜坡形之尖状，上端正中嵌入一细竹棍儿为"捻手"，捻即转动，四围之平面上分别写上"德""才""功""赃"四个字，几个人玩"升官图"时，捻动捻捻转儿停止时"德"字向上最好，"才"次之，"功"又次之，"赃"最差。此外还有"铁皮捻捻转儿""钟表捻捻转儿"等。

如今的捻捻转儿大都是塑料所做，价格便宜，孩子们也喜欢玩。

## 流　程

过去，捻捻转儿大都是自制的，如果有条件能找到一枚清代铜钱，就可以做一个大型的捻捻转儿。上端的圆棒稍长点可在其上套一截毛笔管，在铜钱下方的轴上绕上线绳，手持笔管，拉动线绳。线绳脱落后，脱下笔管、捻捻转儿便飞速转起来。同样的原理，利用圆

现代的捻捻转儿

形的铁片、木片都可以做捻捻转儿来玩。废旧钟表里带轴的小齿轮也是绝好的捻捻转儿。

有时也用铁皮制作较规范的捻捻转儿，找一块铁皮，剪一个圆下来。接着用铁钉在圆铁片上钻一个眼，钻好眼后插上一根下端削尖的小木棍，捻捻转儿就完工了。为了使它旋转起来好看一点，就在圆铁片上贴上花纸片，或者涂红或者涂蓝，如果几个人一起玩，五颜六色的捻捻转儿旋转起来非常好看。

# 划旱船：时起时伏波浪颠

划旱船也称跑旱船，就是在陆地上模仿船行功作。旱船不是真船，多用两片薄板，锯成船形，以竹木扎成，再蒙以彩布，套系在姑娘的腰间，如同坐于船中一样，边歌边舞。在一些农村，将摩托车装饰成"旱船"，也有的将自行车装饰成"旱船"，形成各种各样的套路，也十分吸引观众。

## 渊 源

跑旱船起源很早，与祭祀有关。据说2000多年前，爱国诗人屈原投汨罗江而死，每到端午节，人们在江中赛龙船以示纪念。据《湖广志》记载，云梦县因河浅不能竞舟，便用竹和纸扎成龙船，鸣锣击鼓，游行于市。这种活动流传下来，形成了跑旱船。

还有一种说法，传说旱船是根据水乡渔民在水上用船打鱼的生活情节构思创造出来的。

据《明皇杂录》记载，唐代已有山车旱船。在唐代，不仅在民间表演，还经过改造成为宫廷舞蹈。据宋朝田况《儒林公议》上说，五代时前蜀皇帝王衍曾做蓬莱山，以绿罗画水纹铺在地上，上置莲花，让跳舞的人乘彩船在绿罗上转动。宋朝时仿效这种方式，宫廷舞队中有采莲队，跳舞的人身乘彩船，手执莲花而舞，叫作"采莲队舞"。与此同时，民间划旱船也很盛行，不少记叙宋代风俗的著作，都写到节日街头民间舞队中有划旱船演出。

过去的划旱船活动

民间旱船，多扮成夫妻或父女，女的在船中，男的在船外，表现捕鱼、行船的水上生活，主要技巧在女子，配合船的起伏摆动做出高难动作，表现风浪旋涡等。南方旱船动作轻柔，边唱边舞，北方旱船动作粗犷，有时几十条旱船相互竞技，场面蔚为壮观。

在民间跑旱船中，延庆旱船是北京市的汉族民俗舞蹈。根据地方史志记述，延庆旱船产生于400年前的明代。延庆旱船表演的道具有一只船、三只船、九只船、多只船的划分，在表演套路上，主要以不断出现的"圆"为基础的套路，以各种"葫芦"命名的套路很多。

2014年11月，"延庆旱船"经国务院批准列入第四批国家级非物质文化遗产代表性项目名录。

## 流　程

跑旱船是一种汉族民俗文化。旱船表演人数一般有6到7人，一位女演员立于旱船中，称为"船娘子"，相当于撑舵人员，还有一人饰演小丑，右手拿一把破蒲扇，左手拿一把桨，鼻子被抹上白色的粉，在旱船周围来回扇动蒲扇，从而引发观众的笑声，其余人在边上敲锣打鼓，伴奏乐器有大锣、小锣、鼓、镲等。

过去表现跑旱船场景的年画

乘船者一般是一个人，有时也有双人、四人甚至七人共同乘用一只船的。扮演者有男有女。如今，许多地方的跑旱船，不再男扮女装，而是由姑娘、媳妇化装后直接饰演姑娘、媳妇。也有些地方，仍然是男扮女装。跑旱船时，表演者中有一名"艄公"划桨引船，在前头带路，做出各种各样的划船动作。而乘船者在表演中，往往是走快速碎步，这样能使船身保持平稳的状态前进，犹如在水面上漂动的船那样，颇为形象地塑造出水面行船的情景。

# 抬阁：戏剧杂技抬着演

抬阁，是集历史故事、神话传说于一体，融绘画、戏曲、彩扎、纸塑、杂技等艺术于一身的特色传统民俗舞蹈。抬阁的种类繁多，各地抬阁的艺术形式各有特色，以金坛抬阁、徽州抬阁、广东抬阁、安阳抬阁和山西平阳抬阁最为著名。2008年6月7日，抬阁经国务院批准列入第二批国家级非物质文化遗产名录。

## 渊　源

抬阁据传是从传统的民间祭祀活动逐步演变为民间文艺活动形式的。相传在唐五代时期，到处是战乱，百姓生活苦不堪言。战乱平息后，民众为庆贺战火的熄灭，将大方桌两边绑上抬杆，桌上设置神位和整牛、整羊等祭品、香案，由人抬着方桌热热闹闹地沿街庆贺。这便是"抬阁"的雏形。经过不断地传承和演变，后来，艺人们将高桌装饰成亭台楼阁的样式，给人以空中楼阁、云里雾里的感觉，故更名为"抬阁"。又因在高台上演出，也称"台阁"。

抬阁在清代时就已经十分流行，旧时多在旱天"取水"后或元宵节时展演，有时还配合捧"大旗竹"。中华人民共和国成立后，抬阁在普通百姓心中依然有不小的号召力，每逢重大庆典，抬阁还是一场不容错过的民间盛宴。

到民国时期，经过民间艺人们的不断改革和创新，抬阁底座由原来的方桌式造型，不断改制成长方形、六边形和正方形的抬阁模式。抬阁多采用六边形和正方形两种。抬阁底座上面的设置有过厅式、市楼式、六角凉亭式三种。抬阁上面的文化内容已不是古老的神像和祭品等物的装饰，而改为了戏剧故事和民间故事的人物和道具。抬抬阁的人由原先的8人，现已增加到16人。

## 流　程

抬阁的表演形式多样，最初是说唱，后来过渡到戏曲化的代言体，能演出完整的戏曲故事。以徽州抬阁为例，"抬阁"的"阁"指的是民间工匠精心设计制造的木质框架，以规模及剧情不同分为二层阁和三层阁两种，阁体外面按剧情需要彩饰成亭台楼阁、石桥彩虹、山川、渔船、云端或花卉等，层层叠叠而浑然一体、相得益彰。

各层阁体上均有柔性支柱，巧妙地隐立于阁体彩物间，装扮着各种戏剧人物的孩童，或站或坐或悬空于这些支柱上，彩服则巧妙地将支柱遮掩起来。

常见的徽州抬阁戏曲曲目有《白蛇传》里的水漫金山寺，《西游记》里的孙悟空三打白骨精，还有桃园三结义、打渔杀家等。

徽州抬阁是由4个或更多青年汉子肩抬杠子前行，前、后各二人。上阁表演者多为儿童，儿童体轻，可减轻抬阁者的负担。阁上三五名儿童，略施粉黛，在架子上做出多种动作。

徽州抬阁常常是一连出动四五座，鱼贯缓行招摇过市，加之每座抬阁前边都有一班鼓乐吹吹打打，营造着与抬阁上戏曲故事相一致的气氛。

皮影戏中的抬阁场面

# 霸王鞭：打法多样内涵丰

霸王鞭是由古时候战争中的一种武器演化而来，在云南大理，重要节日如火把节、绕三灵、三月街等，一般都少不了霸王鞭。舞者右手持鞭，左手拍、拨鞭的两端，身随鞭移，舞蹈时用霸王鞭围绕身体的主要关节碰击发出的响声和由此引动上身的拧、摆，小腿的变化和双脚的跳动，形成各式各样的舞姿和动作。

## 渊　源

霸王鞭是普遍流传于中国各地的民间舞蹈，亦称打连厢、打花棍、金钱鞭、浑身响等。霸王鞭是一种民间社火形式，由于表演者都手持一种名叫霸王鞭的道具，故名"霸王鞭"。

霸王鞭的传说大约起源于隋炀帝时期，当时的隋炀帝昏庸无能，对民众横征暴敛，百姓苦不堪言，怨声四起，于是人们用"霸王鞭"社火的形式，号召那些有志之士，推翻隋朝的统治。之后，霸王鞭一代一代传承下来。后人在原有的基础上不断融进新的艺术元素，将单一的社火表演逐渐转变为内容丰富、动作多变的民间艺术形式。

在清代许多著作中对霸王鞭都有记述，如毛奇龄的《西河词话》中记载："金作清乐，仿辽时大乐之制，有名连厢词者，带唱带演，以司唱一人，琵

隋炀帝杨广

琶、笙、笛各一人，列坐唱词……此人至今谓之连厢，亦曰打连厢。"

康熙年间李振声的《百戏竹枝词》中记有："徐沛伎妇，以竹鞭缀金钱，击之节歌。"这种舞蹈使用的就是霸王鞭。

鞭用竹或木棒做成，长约一米，两端嵌有铜钱，也有在棒上贴彩纹而不用铜钱的。

霸王鞭的称谓与它表演时所用道具密切相关。这里所说的鞭，确切地说是棒或棍，舞蹈时用霸王鞭围绕身体的主要关节碰击发出的响声，形成各式各样的舞姿和动作。

## 流　程

霸王鞭舞主要流行于云南省大理白族自治州，是最具代表性和流行最广的舞蹈。霸王鞭舞蹈渗透着白族的历史变迁、宗教活动、民族习俗和文化娱乐。白族霸王鞭约一米长的空心竹或扁形木条，凿约十厘米长的四至五个孔，每孔内装两组铜钱，每组用二至三枚。霸王鞭上的四个长方形孔象征四季，孔中嵌入的铜钱数目分别表示12个月或24节令。

霸王鞭舞有上百种打法，一个套路最少四拍，最多三十六拍，用唢呐、竹笛或三弦伴奏，舞蹈动作连贯自如。

除了云南的霸王鞭舞，代表性的还有嘉峪关霸王鞭和榆社霸王鞭。

### 1. 嘉峪关霸王鞭

嘉峪关霸王鞭棍杆两端系上小铃铛或麻钱，并系金色穗条。舞动起来，叮当作响。此鞭一般选白杨木制作，棒身一般长1.2米，直径6厘米，上面画有油彩花纹，主要由红、绿、黄三种颜色组成，目的在于当棒子舞动起来时，绚丽的色彩会让表演更加引人入胜。棒子的两头各拴一节穗子，穗子的长度是20厘米，在穗子的末尾会拴麻钱，现在因为麻钱稀少，会用小铃铛代替，鞭子舞动起来会伴随有清脆悦耳的声音。

### 2. 榆社霸王鞭

榆社霸王鞭的道具是双鞭，用长约1米的木棍或竹竿制成。棍杆两端系上小铁环、铜环，后改为铜铃，并系红绸布条或金色穗条。

1995年，榆社做了进一步的艺术加工和改造，将霸王鞭的动作发展到磕、打、推、转、挑、翻、荡、摇、摆、甩等10个花样。传说的打法为八点法，即一点磕左手，二点磕右肩，三点磕左肩，四点磕大腿（平抬），五点磕左小臂，六点磕右大腿（平抬），七点磕右腿（平抬），八点磕左脚掌（由身后跳起）。后来，又发展为"四十点法"，即在原"八点法"的基础上，又加了三个"八点"，两个"四点"。磕打的位置不只限于四肢，还可磕打手腕、腰、腿外侧、后肩等部位，还有双鞭互磕、触打地面等动作。

## 跑驴：边歌边舞竹马灯

跑驴亦称竹马灯，流行于我国各地。一般用竹扎成马或驴形，系在扮演者的腰间。表演时人数不等，多则十几人，少则两个人。两个人表演时，妇女骑驴，男子赶驴，表演新媳妇回娘家的情景。有的地方称之为"犟驴舞"，是民间社火的主要组成部分。

### 渊　源

跑驴起源于何时已不可考证，根据光绪年间的县志记载，跑驴在清代已很盛行。有的说是根据神话《八仙过海》中的张果老倒骑毛驴的民间故事编创而成，有的说是根据民间舞蹈《跑竹马》改编发展而成。具体渊源，还有待专家考证。

不过，在过去春节闹社火离不开跑驴的习惯，说明这是一种古老的艺术品种。

跑驴，流传于河北、陕西、湖北、山东等省，多在春节或赶会时随秧歌队表演。跑驴中的驴形道具用竹、纸、布扎成前后两截，下面用布围住。表演者多扮成农村少妇，把驴形道具系在腰间，上身做骑驴状，以腰为中心，左右小晃身，下身用颤抖的小步蹭动，模拟驴的跑、颠、跳、踢、惊、犟等动作和神态。跑驴主要伴奏乐器有唢呐、小鼓、大钹和小钹等。

1953年在首届全国民间舞蹈会演中，跑驴获优秀奖。

如今，各地的社会、庙会中，还能看见跑驴的身影。

## 流　程

跑驴受地域和习俗的影响，表演内容大相径庭，现以靖边跑驴为例，简单介绍跑驴的过程。

靖边跑驴是中国国家级非物质文化遗产项目，其特点是将"驴"拟人化，表演时传神、传情、诙谐、幽默。

陕北靖边跑驴在表演形式上有一人跑驴、双人跑驴、多人跑驴等，多数为双人跑驴，一个骑，一个赶。表演内容如夫妻探亲、回娘家、赶集路上、爷孙赶集等，基本动作有慢步闪腰、上坡步、下坡步、过河步、小跑步、大跑步、撒欢跳等。动作组合有惊驴打斗、陷泥救驴、双人骑驴、太平跳跃等。

靖边跑驴在舞蹈动律及风格特征上有两种流派，一是"滚沙驴"派，表演时步律急促快速，接近生活中的骑驴动态；二是"大善驴"派，表演时步律较缓慢，步距大，节奏明显，夸张性强。

陕北靖边跑驴道具所用的"驴"，过去是用柳条、竹条、丝

清代上官周所画张果老骑毛驴图

清代宫廷画家焦秉贞画作中儿童玩竹马的场景

麻、线绳进行编制框架，然后外加麻纸或报纸用糨糊粘贴，最后用墨汁涂刷而成。制作时分前后两截，中间用柳条连接，下部围上黑绸布或绒布，另外用两把笤帚装进一条裤子的双腿内，加上鞋和袜子、绑腿带，做成两条假腿。表演者在演出前先将道具驴挂绑在腰间，两条假腿挂绑在驴鞍两侧的部位，表演者露出上身与两条假腿成一体，然后即可进行表演。

后来，靖边跑驴的艺人对跑驴的道具进行改革，利用钢筋、铁丝焊接"驴"框架，加上可以转动的"轴承"，下边加上支架和四个小轮子，用电灯泡做眼睛，重新改制的"驴"，不仅可以动耳、摇尾、眨眼、张嘴，还可以转向进行"旋转360度倒骑"，为跑驴艺术注入了新的活力。

# 耍中幡：彩绸招展铜铃响

耍中幡是北京地区回族中喜闻乐见的传统游戏。相传中幡源自佛教法器的"幡"，为佛门八宝之一。在过去的农村，常以精彩的中幡表演喜庆丰收。中幡表演最早是在跤场里，基本上凡是耍中幡的都练过摔跤，而摔跤的不一定会耍中幡。每年的北京年节庙会上，耍中幡都是"走会"的表演活动之一，通常还伴有划旱船、踩高跷、舞狮子等。

## 渊 源

中幡原名大执事，源于明、清两代帝王仪仗队行军、打猎时王旗的旗杆。在行军或打猎休息期间，旗手们为给皇上解闷，挥舞耍动大旗以博皇上欢心，鼓舞三军斗志。到了清乾隆年间，将原龙旗杆上加上伞耍起来更是好看。后来加伞的大旗杆被皇宫用作迎接外交使者的仪仗队，显得更加威武庄重，故名大执事。皇宫里每年耍大执事庆祝重要庆典。

清代乾隆年间，中幡会属于镶皇旗佐领属内八档会之一且受过皇封。清朝灭亡以后，耍中幡开始在民间流行起来。民国时期，最著名的耍中幡艺人是王小辫。他是清朝末年河北人，他从宫中耍大执事的哥哥那学到耍中幡的技艺，清朝灭亡后，为了讨生活，王小辫带着耍中幡的绝技，到天桥打把式卖艺，王小辫是"天桥八大怪"之一。王小辫的绝活儿叫"苏秦背剑"，把中幡扔起来后，正好把竹筒套在小辫子上，当时没有人会这个技艺。

后来王小辫收徒弟宝善林。宝善林人称"宝三"，从王小辫那里学到了一身绝技。清末民初，八旗子弟为谋生计纷纷到天桥市场卖艺，其中由沈三（沈友三）、宝三（宝善林）、张狗子（张文山）等率众表演的中幡、摔跤是撂地表演中最红火、最火爆、最受欢迎的项目。

20世纪50年代，天桥耍中幡由宝善林先生执掌，第三代传人陈金权、马贵保、付顺禄、徐茂等人在天桥跤场演练中幡。20世纪六七十年代，曾经盛极一时的天桥市场被取消，宝三跤场也同时被撤销。

1962年左右，宝三传人李宝如开始独立耍中幡，而且增加了表演形式，发展了许多动作。此后，表演中幡这门绝技的越来越多。今天，耍中幡更是得到了很好的发展，北京至少已经有14个团体、起码有100人可以表演。而且有的团体更是将中幡传到了国外，在美国、法国、韩国都有常驻团体表演中幡。

## 流　程

中幡的主干是一根10米长短的粗短竿，竿顶悬挂着一面半米宽、五米多长的长条锦旗，也称标旗，考究的中幡还会在竿顶加上一层乃至数层由彩绸、锦缎、响铃、小旗、流苏组成的圆形装饰物，被称为璎珞宝盖。

中幡净重30多斤，它下粗上细，由两根竹竿拼成，竹竿的大小、柔韧性也有讲究。幡按大小分为硕幡、中幡和小幡三类。硕幡一般比较重也比较高，一般高度在12米以上；中幡一般在9米左右，多数表演者选用的都是中幡，所以耍中幡这一叫法也就传开了；而小幡则只有3到4米，一般是在小的场地表演，比如剧场、茶馆等。

中幡分为单练、双人对练和集体练，动作有50多个。表演者或顶幡上额，或伸臂托塔，惊险动作连连不断，但始终幡不离身，竿不落地。

中幡表演时，表演动作和样式各有形象的名称。将竿子抛起用脑门接住为霸王举鼎；单腿支撑地面用单手托住竹竿为金鸡独立；用大拇指顶起幡叫封侯挂印，用一个小拇指接着叫小妞妞穿兜兜；幡从肘部抛掷身后，背后接住叫苏秦背剑；用脚把幡踢到头顶上叫浪子踢球。此外还有龙抬头、老虎撅尾、太公钓鱼、擎天一柱等样式。

# 第四章

# 文人雅趣类老玩意儿

中国的『老玩意儿』包含很多门类多种物件，有传统民间非遗技艺，也有某种有趣味的物件，其中文化类的老玩意儿从旧时流传至今，具有较高的观赏和收藏价值。比如文人游戏类，有曲水流觞、击鼓传花、行酒令、斗茶等；文人竞技类，有射覆、骨牌、投壶、双陆、斗叶子等；文化运动类，有荡秋千、蹴鞠、马球、捶丸等；文化传承类，有鞭春牛、抖空竹等。

这些文人雅趣类老玩意儿，历史由来已久，且随时代更迭而变化，是传统文化不可缺失的一部分，了解和继承这些老玩意儿，不仅可以完善传统文化的范畴，还可以将传统文化具象化，更利于推广和普及。

# 曲水流觞：辗转水渠漂酒杯

曲水流觞，亦称流杯曲水或流觞曲水，是旧时上巳节的一种饮宴风俗，最出名的一次，是王羲之写就的《兰亭集序》。"曲水流觞"主要有两大作用，一是欢庆和娱乐，二是祈福免灾。这类"雅事"，一直蔓延到20世纪40年代。

## 渊 源

曲水流觞何时形成，现在还未有定论。一种说法是起源于西周初年。据南朝梁吴均《续齐谐记》："昔周公卜城洛邑，因流水以泛酒，故逸《诗》云'羽觞随流波'。"战国时，秦昭王于农历三月初三置酒河曲，有金人自东而出，向其献"水心剑"，后秦国称霸诸侯，便在此处立"曲水祠"。汉武帝承袭秦制，凿建周长六里、水流曲折的曲江池，供皇家贵戚曲水流觞之用。

另一种说法是起源于西周末年。《三才图会·时候类·上巳》引《十节录》云："昔周幽王淫乱，群臣愁苦之，于时设河上曲水宴。"

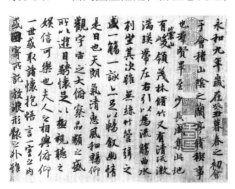

王羲之的《兰亭集序》

此外，还有起源于东汉说，起源于西晋说。不管起源于何时，曲水流觞在后世成为文人聚会时的一大游戏，是不争的事实。

汉代以后，上巳节习俗发生了很大变化，人们在水边不再仅仅举行沐浴祓除的修禊仪式，还把它当成宴饮游玩的好机会，于是，出现了曲水流觞项目。据《荆楚岁时记》载："三月三日，士民并出江渚池沼间，为流杯曲水之饮。"魏晋后，曲水流觞成为上巳节的主要活动。当时达官贵人或文人骚客到水滨结伴宴饮，并引水环曲成渠，曰"曲水"，然后将盛酒的"觞"漂浮于水面，从上游放出，使之借助水流之力传杯送盏，当杯子缓缓经过宾客面前时，即可取过一饮而尽，然后吟诗作赋，以为娱乐，此即曲水流觞。

魏晋时，文人雅士喜袭古风之尚，整日饮酒作乐，纵情山水，作流觞曲水之举。东晋永和九年三月初三，大书法家王羲之与名士谢安、孙绰等四十余人宴集于浙江山阴兰亭，作流觞曲水之戏，所谓"又有清流激湍，映带左右，引以为流觞曲水。列坐其次，虽无丝竹管弦之盛，一觞一咏，亦足以畅叙幽情"。这些吟咏之作被编成《兰亭集》，由王羲之作序，成为我国书法艺术史上的瑰宝。

唐代时，上巳节已成为全年的三大节日之一，节日的内容除了修禊，主要是春游踏青、临水宴饮。

唐代诗人孟浩然曾组织过一次上巳诗会曲水流觞。他题写了一首上巳节活动的诗歌："上巳期三月，浮杯与十旬。坐歌空有待，行乐恨无邻。日晚兰亭北，烟开曲水滨。浴蚕逢姹女，采艾值幽人。古壁堪题序，沙场好解神。群公望不至，虚掷此芳晨。"

宋代以后，理学盛行，礼教渐趋森严，上巳节风俗在汉人文化中渐渐衰微。不过这种游戏却流传下来。到了20世纪40年代，还有人做此雅事，而流杯亭之类的景致，迄今还可在北京故宫、绍兴兰亭等处见到。

## 流　程

"曲水流觞"是古代上巳节中派生出来的一种习俗。后来多是一些文人们的活动。其实就是在院子里挖一条小河，然后让仆人在河的上游将酒杯漂浮在河面上，当酒杯漂到哪位的面前时，哪位就要去作一首诗，如果作不出的话就要去喝酒。"曲水流觞"的风雅游戏里最不可或缺的，除了才情，便

**《唐人宫乐图》，现藏台北故宫博物院**

是作为道具的羽觞。羽觞是我国古代的一种双耳酒杯，因其形状似鸟得名；还有一说法称因觞身可插羽毛，遂被命名为"羽觞"。羽觞的材质多种多样，有木质、玉质、陶质等。木质羽觞较为轻盈，其他材质的则需置于荷叶上，方能平稳地在水面"行走"。

名画《唐人宫乐图》中，妃嫔们围桌行乐，亦是人手一只玲珑羽觞。"曲水流觞"的仪式也流传到了周边国家。韩国庆州的鲍石亭遗址内，现仍存有当年王公贵族宴饮行乐的曲水石渠；日本鹿儿岛的大名庭园"仙岩园"中，年年上巳，皆按旧俗举办"曲水之宴"，还有将制作好的人偶放入河海中的习俗，旨在令灾厄与人偶共同流去。

## 击鼓传花：依次传花至鼓停

击鼓传花，也称传彩球，是一种老少皆宜的游戏。流行于中国各地。击鼓传花属于酒令的一种，又称"击鼓催花"，在唐代时就已出现。鼓响时，开始传花，花由一个人的手里传。鼓声停止时，花传到谁手里，谁就要受惩罚，一般是罚酒。

### 渊 源

据文献记载，击鼓传花在唐代时就已出现。唐代《羯鼓录》一书中提到李隆基善击鼓，一次他击鼓一曲后，起初未发芽的柳枝吐出了绿色来。此典故初为"击鼓催花"，后用作酒令，改作"击鼓传花"。

杜牧《羊栏浦夜陪宴会》诗句中有"球来香袖依稀暖，酒凸觥心泛艳光"，可以得知唐代酒宴上击鼓传花助兴的情景。

宋代，范成大在《上元记吴中节物》诗有"酒垆先迭鼓，灯市早投琼"。可见当时这种游戏已经很普遍。

到了清代，《红楼梦》第五十四回里也有对击鼓传花的描写。众人为了听贾母和凤姐说笑话，故意叫击鼓的女先儿（盲女艺人）停鼓。

清代蒲松龄《聊斋志异·余德》载："既，命童子击鼓催花为令。"亦作"击鼓传花"。如今，击鼓传花不仅仅限于酒宴，在儿童游戏或者其他热闹场合，均可用此游戏来助兴。

民国时期刘隆兴制作的帽筒上的击鼓传花图案

## 流　程

击鼓传花，一般是数人、十数人或数十人围成一个圆圈席地而坐，另外一个人背对着人圈以槌击鼓。鼓响时，开始传花，花由一个人的手里传。数人或几十人围成圆圈坐下，其中一人拿花（或一小物件）；另有一人背着大家或蒙眼击鼓（桌子、黑板或其他能发出声音的物体），鼓响时众人开始依次传花，至鼓停止为止。此时花在谁手中（或其座位前），谁就"受罚"，或者饮酒，或者表演节目。如果花在两人手中，则两人可通过猜拳或其他方式决定负者。

# 荡秋千：身轻裙薄凌空舞

秋千是中国古代北方少数民族创造的一种运动。春秋时期传入中原地区，因其设备简单，容易学习，故而深受人们的喜爱，很快在各地流行起来。汉代以后，秋千逐渐成为清明、端午等节日进行的民间习俗活动并流传至今。荡秋千对于妇女尤其适合，传统医学认为女子多郁症，荡秋千是非药物解郁的好方法。时至今日，在儿童公园、儿童乐园里还专设有秋千，供孩子们玩耍。

## 渊 源

荡秋千的起源，可追溯到几十万年前的上古时代。早在原始社会，我们的祖先为了取得食物，常要攀藤上树，在劳动中创造了荡秋千的活动。民间最早的秋千活动，人们称为"千秋"。传说是北方的山戎民族所创，开始时只是一根绳子，以手抓绳而荡。后来，齐桓公北征山戎族，把"千秋"带入中原，汉武帝时因为它与"千秋万寿"这个祝寿词冲突，而改为"秋千"，后来就改为用两根绳加踏板的秋千。

汉武帝时，宫中盛行荡秋千，唐人高无际《汉武帝后庭秋千赋》云："秋千者，千秋也。汉武祈千秋之寿，故后宫多秋千之乐。"荡秋千到了南北朝时就已流行，唐代以来更是盛行于大江南北。唐代宫廷把荡秋千称为"半仙戏"，五代王仁裕在其笔记《开元天宝遗事》中说："天宝宫中，至寒食节，竞竖秋千，令宫嫔辈嬉笑以为宴乐。帝呼为半仙之戏，都中市民因而呼之。"

大概在唐宋以后，随着城市经济的发达，市民阶层的大量涌现，荡秋千演变成为节日中广场的狂欢节目。杜甫有诗云："十年蹴鞠将雏远，万里秋千习俗同。"刘禹锡亦有："秋千争次第，牵掩彩绳斜。"可见荡秋千的习俗流传之广、之盛。

宋代著名女词人李清照的《点绛唇》曾描写道："蹴罢秋千，起来慵整纤纤手。露浓花瘦，薄汗轻衣透。"宋代诗僧惠洪也有一首题为《秋千》的诗："画架双裁翠络偏，佳人春戏小楼前。飘扬血色裙拖地，断送玉容人上天。花报润沾红杏雨，彩绳斜挂绿杨烟。下来闲处从容立，疑是蟾宫谪降仙。"

宋代还出现了"水秋千"。据南宋吴自牧《梦粱录》等书的记载，不管是在北宋都城汴梁的金明池，还是在南宋都城临安的西湖、钱塘江，都举行过这种杂技表演。表演之前，先在水中置两艘雕画精美的大船，船头竖起高高的秋千架。表演时，船上鼓声大作，船尾上杂耍艺人先耍练上竿，然后表演者按次序登上秋千，奋力悠来荡去。当秋千悠到和秋千架的横梁相平之时，他们双手脱绳，借秋千回荡之力跃入空中，在空中翻个跟斗，然后投身入水。表演者姿势各异，看上去惊险优美而又变化无穷。"水秋千"类似于现代的跳水运动，是宋代杂技的新发展，在中国杂技史上占有重要地位，对后世颇有影响。

唐宋之后，荡秋千的习俗普及全国，盛况空前。

古时候，荡秋千也是寻找对象的一种手段。《荆楚岁时记》中有一段记载："阳春女儿笑语喧，绿杨影里荡秋千。身轻裙薄凌空舞，疑是嫦娥下九天。"正是描述年轻男女在

清代焦秉贞绘儿童荡秋千场景

荡秋千的过程中相遇的故事。

## 流　程

荡秋千的形式多样。比如朝鲜族，荡秋千是朝鲜族妇女喜爱的民间游戏，每逢节日聚会，成群结队的朝鲜族妇女，聚集在秋千架旁，身穿鲜艳的民族服装，在人们的欢呼、叫好声中荡起秋千，尽情地欢乐。

再如一些特殊的秋千：

1. 胡悠

胡悠也叫木驴。其做法是主杆上端有个铁轴，轴头顶在横梁的正中间。横梁两头各吊一个小秋千。人或站或坐在两头的秋千上，边悠荡边转圈。

2. 过梁悠

过梁悠是一种比较复杂的秋千。在牢固的木架上架一个方形大木轮，轮子四角各吊一副小秋千，四个人坐在踏板上，由其他人摇动摇盘，使大木轮转起来。秋千上的人随着大木轮的转动，或高或低，自在悠荡，煞是惬意。

3. 板不煞

板不煞就是"摔不死"。在秋千架的横梁上穿一个辘轳头，上面绕一条粗绳（只绕一遭），两头垂下，其中一个绳头上固定一根脚踏棍。开始耍时，两只脚踏在踏脚棍上。两腿夹绳，两手紧拽另一个绳头，使绳子这头往下转，那头带着人往上升。秋千横梁上头的半圆形荆条吊着花生、糖果、香烟、酒等赏品。谁能升到上头，牢稳地固定在辘轳头

清代陈枚《月曼清游图》中荡秋千的场景

上，再伸手向上去摸赏品，谁就是好样儿的。摸着哪一种奖品，就奖给这个人。一般人往往上不去就摔下来，或者上去了没把紧辘轳头，又滑溜下来或摔下来，故名"板不煞"。由于秋千架下垫着松软的沙土或柴草，不会出危险，又称"摔不死"。

# 蹴鞠：络网为门以度球

蹴鞠，又名蹋鞠、蹴球、蹴圆、踢圆等，蹴有用脚蹴、蹋、踢的含义，鞠最早系外包皮革、内实米糠的球。早在战国时期汉族民间就流行娱乐性的蹴鞠游戏，宋代出现了蹴鞠组织与蹴鞠艺人，清代开始流行冰上蹴鞠。2006年5月20日，蹴鞠作为非物质文化遗产，经国务院批准列入第一批国家级非物质文化遗产名录。

## 渊　源

2004年初，国际足联确认足球起源于中国。据《战国策》和《史记》两部文献典籍记载，在春秋时期，齐国都城临淄就流行起了蹴鞠。秦统一六国后，蹴鞠运动一度沉寂。西汉建立后，又复兴盛。汉朝人把蹴鞠视为"治国习武"之道，蹴鞠运动不仅在军队中广泛展开，而且在宫廷贵族中普遍流行。

在汉代，皇宫内开始出现专业的足球场，即所谓"鞠城"，设有围墙和看台。比赛分两队，双方各有队员十二名，以踢入球门的球数多少来决定胜负，是现代足球的雏形。《汉书》记载，汉武帝在宫中经常举行以斗鸡、蹴鞠比赛为内容的"鸡鞠之会"，宠臣董贤的家中还专门养了会踢球的"鞠客"（类似于今天的球星）。

到了唐代，在制球工艺上有两大改进：一是把用两片皮合成的球壳改为

一三四

用八片尖皮缝成圆形的球壳。球的形状更圆了。二是把球壳内塞毛发改为放一个动物尿泡，成为充气的球。据世界体育史记载，英国发明吹气的球是在21世纪，比我国唐代晚了三四百年的时间。

唐代球门就设在两根三丈高的竹竿上，称为"络网为门以度球"。在踢球方法上，汉代是直接对抗分队比赛，唐代分队比赛，已不是直接对抗，而是中间隔着球门，双方各在一侧，以射门数多者为胜。

唐代还有了女子足球。女子足球的踢法是不用球门的，以踢高、踢出花样为能事，称为"白打"。唐太宗、唐玄宗都爱看踢足球，当时球门是"植两修竹，络网于上，以门为度球。球又分左右朋，以角胜负"。唐代不仅有了女子足球，而且有的女子踢球技术还很高超。

不仅皇宫中有这样的习俗活动，民间也有。杜甫《清明》诗中也说，"十年蹴鞠将雏远，万里秋千习俗同"，也说明了踢球习俗的普遍。这种习俗一直延续到南宋时期，诗人陆游在《春晚感亭》诗中描写过这个情景："寒食梁州十万家，秋千蹴鞠尚豪华。"

清代顾洛1813年所作《蹴鞠图》

宋代的足球和唐代的踢法一样，有用球门的间接比赛和不用球门的"白打"，射门已向灵巧和控制球技术方面发展。

宋代制球工艺比唐代又有所提高，球壳从八片尖皮发展为"十二片香皮砌成"。做成的球重量要"正重十二两"。

到了元代，关汉卿等人的散曲中记述了男女对踢足球的情景。但这种男女对踢，已不是双方寻求自身的娱乐，而是以妇女踢球作为一种伎艺供他人欣赏。

《明史》上记载，拥兵三吴、称兵割据的吴王张士诚的弟弟张士信，"每出师，不问军事，辄携樗蒲（一种赌具）、蹴鞠，拥妇女酣宴"。可见踢球已和淫乐连在一起。所以，朱元璋称帝之后，传下圣旨，严禁军人踢球。

清代，满族人将蹴鞠与滑冰结合起来，出现了冰上蹴鞠的运动形式。清代中叶以后，随着西方现代足球的传入，中国传统的蹴鞠活动被现代足球所取代。

## 流　程

汉代蹴鞠的主要方式，是进行直接对抗比赛时，设鞠城即球场，周围有短墙。比赛双方都有像座小房子似的球门；场上队员各12名，双方进行身体直接接触的对抗，就像打仗一样，踢鞠入对方球门多者为胜。

唐时期蹴鞠的主要方式，主要用于为朝廷宴乐和外交礼仪竞赛表演。进行间接对抗比赛时中间隔着球门，球门中间有两尺多的"风流眼"，双方各在一侧，在球不落地的情况下，能使之穿过风流眼多者为胜。

明代仇英所作《蹴鞠图》

古代的蹴鞠是外包皮革、内实米糠的球，只是作为休闲娱乐用，比赛很少，所以规则很不健全。到了现代，足球的规则比较健全了。

# 马球：初月飞来画杖头

马球早在中国的东汉时期就已经流行于中原地区。这一运动形式主要器械为球和杖。其中的球仅如拳头大小，是用质量轻而有韧性的木料制成的，中间挖空，外边涂上颜色。一般呈红色或彩绘，与现代马球的白色迥异。而打马球的棍子叫球杖、鞠杖。中国古代的马球运动从唐开始，一直到明，前后延续了一千多年，演绎出了许多故事，流传下不少诗篇。

## 渊 源

马球在中国古代叫击鞠，始于汉代，在东汉后期，曹植《名都篇》中就有"连骑击鞠壤，巧捷惟万端"的诗句描写当时的人打马球的情形。

唐朝时，马球已成为人们最喜欢的体育运动。在都城长安就有宽大的球场，玄宗、敬宗等皇帝均喜马球。章怀太子墓中《马球图》，画出了唐代马球的兴盛，画上，二十多匹骏马飞驰，马尾扎结起来，打球者头戴幞巾，足蹬长靴，手持球杖逐球相击。

唐玄宗李隆基还是临淄王时，就是马球健将。唐穆宗李恒更是爱球如命，因为玩马球而丧命。

唐宣宗李忱玩马球，花样层出不穷，无论是球技，还是姿势，堪称一流，是当之无愧的冠军。

唐朝人玩马球一般分成两队，每队有10人左右。球门就安放在球场中间，就是把一块大木板竖着埋在泥地里，埋一半，留一半，木板当中挖一个直径不到半米的圆洞，马球穿过圆洞才能得分。

五代时期，马球继续流行。当时在皇宫中打球，是宫女们的主要娱乐活动。前蜀皇帝王建将成都官府内的旧球场改建成皇家大球场。后主王衍为了

**唐代时贵族子弟骑马打马球的场景**

便于打马球，专门在宫苑内养了数百匹好马，对其中几匹还特别取了诸如"锦地龙""雪面娘""天花落"等好听的名字。王衍还将大臣、宫女组成男、女马球队，除分别比赛，还要进行男女混合马球赛。

马球的流行也不限于中原地区。辽人从中原学会了马球，史载辽圣宗"好击球"，《辽史·圣宗纪》记载，辽国把打马球作为节日的传统风俗，于端午、重九击球。宋代有"打球乐"舞队。

宋徽宗赵佶在位期间，女子马球有了惊人的进展。北宋宫廷女子马球队无论在乘骑方面还是服饰方面都非常豪华，这时的球场也已铺上了草坪，成了绿茵场地。不过，宋代儒臣们认为皇室玩马球不好，会玩物丧志，皇室也逐渐地摒弃了马球运动，马球在宋代日趋衰落。到了元代，也没有看见蒙古人重新提倡马球。明代时，还有马球的记载。《续文献通考·乐考》记载明成祖曾数次往东苑击球、射柳。《明宣宗行乐图》长卷中绘有宣宗赏马球之场面。清代天坛一带也还有马球运动，直至清中叶之后，马球才消失。

2008年6月7日，马球经国务院批准列入第二批国家级非物质文化遗产名录。

### 流　程

在过去，马球所用的球状小如拳，用质轻而又坚韧的木材制成，中间镂空，外面涂上各种颜色，有的还加上雕饰，被称为彩球、七宝球等。马球的球杖长数尺，端如偃月，形状有点像今天的冰球杆，杖身往往雕上精美的纹彩，被称为画杖、月杖等。

唐代李贤墓中墓道西壁上的《马球图》（局部）

马球以草原、旷野为场地。游戏者乘马分两队，手持球杖，共击一球，以打入对方球门为胜。西乾县唐章怀太子李贤墓中发现的打马球壁画，参与击球者二十余人，皆着各色窄袖袍，足蹬黑靴，头戴幞头，手执偃月形球杖，身骑奔马，做出竞争击球的不同姿态。

## 捶丸：休闲娱乐又健身

捶丸，顾名思义，捶者打也，丸者球也，是我国古代球类运动项目之一。它的出现与盛行和唐代的球类活动有密切关系。唐代除了足踢的蹴鞠、骑马杖击的马球，还出现了一种拿球杆徒步打的球类游戏，叫作"步打球"。这种步打球至宋代遂演化出了另一种新型的球类运动，就是捶丸。

### 渊　源

捶丸的前身是唐代马球中的步打球。当时的步打球类似现代的曲棍球，有较强的对抗性。到了宋朝，步打球由原来的同场对抗性竞赛逐渐演变为依

故宫博物院珍藏的《明宣宗行乐图》中宣宗捶丸的场景

次击球的非对抗性比赛，球门改为球穴，名称也随之改称为步击、捶丸。

元世祖至元十九年（1282年）署名为"宁志斋"的人编写了专门论述捶丸的著作《丸经》，书中记载，"至宋徽宗、金章宗，皆爱捶丸，盛以锦囊，击以彩棒，碾玉缀顶，饰金缘边，深求古人之遗制，而益致其精也"。说明宋徽宗不仅爱打球，还要晒豪华装备，他的球杆以金子装饰缘边，顶上还有玉饰，球包是个锦囊，宋徽宗还深知业精于勤，经常学习古人留下的技巧，所以球技不断提高。

宋朝，连儿童也非常喜爱捶丸活动。如北宋官吏滕甫，幼时"爱击角球"，角球就是用角骨制成的球，不易击碎。这是当时捶丸活动盛行的有力佐证。在陈万里的《陶枕》一书中有一幅儿童捶丸图，图中小孩持一小杖在击丸，形象生动，是当时捶丸活动盛行的有力佐证。

捶丸发展到元代，在元人散曲、杂剧中多有提及。元人无名氏《逞风流王焕百花亭》杂剧中，王焕自夸什么游戏都会："折莫是捶丸、气球、围棋、双陆、顶针续麻、拆白道字……"此外，最形象、最完整地反映当时捶丸活动情形的，是现存于山西省洪洞县广胜寺水神庙壁画中的元代《捶丸图》。图中，二男子着朱色长袍，右手各握一短柄球杖。左一人正面俯身做击球姿势，右一人侧蹲注视前方地上的球穴，稍远处有二侍从各持一棒，棒端为圆球体，居中者伸手向左侧击球人指点球穴位置。这是元代民间捶丸活动的真实写照。

捶丸发展至明代，已经远不如前代那样普及。不过，直到明代中期，捶丸尚未绝迹。

现藏故宫博物院的《明宣宗行乐图》长卷中，有一部分描绘的就是捶丸图。图中所绘的场地面貌，旗、穴及击丸的棒，侍从的位置等，都与《丸经》上所说吻合。

上面共建了五个窝，每个窝旁插一旗作为标识，明宣宗手持球棒准备击球，左、右手各有一棒，说明他正在犹豫使用什么棒击球最有利。前面有一人正在指指点点。左侧方有四人，每人各执一棒站立，是陪打者。右侧方有两人是"伴当"，其中一人手拿革囊。左侧是一个放筹码的方桌，桌后面有两个放筹码的人。

捶丸也是明代士大夫阶层的休闲娱乐活动，明人李诩所著《戒庵老人漫谈》中指出，象棋是"八捷"，围棋是"八势"，捶丸则是"八巧"。"八巧"是指："卧棒斜插花，沿尾斜插花，后橛掀过前，前橛翻过后，背身正棒，两肩基儿，雁点头，背身倒卷帘。"这八种巧势均见于《丸经》。捶丸打法的名目很多，但是明代人认为最巧妙的打法有八种，由此可知明代士大夫阶层喜爱捶丸活动，并能体会出其中的巧妙。

捶丸的活动量不是很大，所以也成为妇女喜好的休闲娱乐活动之一。明人杜堇的《仕女图》长卷，现藏于上海市博物馆，图中描绘了明代贵族妇女的休闲娱乐生活，有抚琴、观鱼、游园、蹴鞠、捶丸等。

到了清代，捶丸趋向衰落，所见的仅是盛行于妇女、儿童间的简单的捶丸游戏。

## 流　程

《丸经》共三十二章，约一万二千字，详细地叙述了捶丸的方法、规则、球场道德、场地设备及器材用品的规格。据《丸经》记载，捶丸的场地，多设在野外。《丸经·因地章》云："地形有平者、有凸者、有凹者、有峻者、有仰者、有阻者、

**老版邮票中的捶丸图**

有妨者、有迎者、有里者、有外者。"不平的坡称峻，坡的上面称仰，前面有隔的称阻，后面有碍的称妨，能反射球的称迎，左高的称里，右高的称外。后面有碍，往往容易打坏球棒，并且难以打到球窝旁边。

场上设窝，又叫"家"，即小洞；窝边插小旗。捶丸时，以球入窝为胜，胜则得筹。所谓"基"，就是画定的击球点。由此可知，基的大小，长宽不满33厘米，选择正对球窝的地方画基；若地面有瓦砾杂物，则去除后再画基。球基和球窝的距离，远的可以相隔50至60步，最远的不得超过100步，近的至少宽于3米。

捶丸所用杖，俗称棒，有着不同的类型。如撺棒、杓棒、朴棒、单手、鹰嘴等多种，供人在不同条件下选用，打出不同的球。它又依棒数多寡分为全副、中副、小副3种。全副包括10根棒，中副为8根，小副则在8根以下。

球，又叫丸，用瘿本制成。瘿本即赘木，又叫树瘤子。这种木头生长不规则，树纤维绞结紧密，十分结实，久击而不坏。球不可太重，太重则行动迟滞；又不可太轻，轻则飘；以适中为宜。

打球的人以抛球的方式，确定发球的先后次序，捶丸比赛，既可分组，也可不分组，参与人数的多寡又有不同的名称，几十人参加的叫"大会"，七八人参加的为"中会"，五六人参加的则是"小会"，三四人参加的为

宋代苏汉臣绘《蕉荫击球图》中，儿童玩捶丸的画面

"一朋"，最少的是两人参加，叫"单对"。比赛过程中，以击球入窝或所用棒数最少者为胜，胜则得筹。筹是竹子制成的，赛前分发给每个人。比赛根据筹的多少，分为大筹（20）、中筹（15）、小筹（10）三种，输家根据情况把自己的筹付给赢家。

此外，捶丸比赛的规矩还包括惩罚条款：不许换球，比赛中不能更换球棒，犯者本人及同组皆输；即使你是高手，也不许为他人支招儿；错打了他人的球，也算输，被发现顶替他人击球的，则要输两倍，被罚双筹。

# 华容道：横刀立马走百步

华容道原是中国古代的一个地名，相传当年曹操曾经败走此地。曹操逃出华容道的最大障碍是关羽，关羽立马华容道，一夫当关，万夫莫开。关羽与曹操当然是解开这一游戏的关键。华容道有一个带二十个小方格的棋盘，代表华容道。华容道与七巧板、九连环等中国传统益智玩具还有个代名词叫作"中国的难题"。

## 渊　源

华容道游戏取自著名的三国故事，曹操在赤壁大战中被刘备和孙权打败，被逼退逃到华容道，又遇上诸葛亮的伏兵，关羽为了报答曹操对他的恩情，明逼实让，终于帮助曹操逃出了华容道。游戏就是依照"曹瞒兵败走华容，正与关公狭路逢。只为当初恩义重，放开金锁走蛟龙"这一故事情节设置的。华容道的现在样式是1932年John Harold Fleming在英国申请的专利，并且还附上横刀立马的解法。

姜长英在1943年夏第一次看到这个玩具，在他所著《科学思维锻炼与消遣》中说："估计它的历史只不过有几十年。从前人的笔记中没有发现有玩具华容道的记载。"目前所见到关于华容道最早的文字记载就是姜先生1949年出版的《科学消遣》。

三国华容道玩具

据西北工业大学林德宽教授说，他于1938年在陕西省城固县的乡下见过小孩玩用纸片做的华容道。20世纪50年代，苏州师大的许莼舫先生的《趣味数学》详细分析了华容道游戏，给出了100步的解法。

20世纪七八十年代，华容道游戏已经相当流行。

如今，称为考验智力的游戏项目。

## 流　程

最早系统研究游戏华容道的是苏州大学数学教授许莼舫先生。1952年，他在《数学漫谈》中对这个游戏作了详细的分析，总结出8条规则。这8条可以归纳为以下4点：

四个小兵必须两两在一起，不要分开；

曹操，关羽，大将移动时前面应有两个小兵开路；

曹操移动时后面还应有两个小兵追赶；

以上三种状况，其中各块都可局部（不妨碍其他地方）任意移动。

在此基础上，许莼舫提出了100步解法。

游戏华容道有不同的开局，根据5个矩形块的放法分类，除了5个都竖放是不可能的以外，有一横式、二横式、三横式、四横式、五横式。下面举几个例子。

华容道的最快走法在中国是100步，在日本是82步。后来美国人用计算机，使用穷举法找出了最终解法，不可能有再快的解法了，最终最短是81步。

## 七巧板：识图益智学几何

七巧板是一种古老的中国传统智力玩具，顾名思义，是由七块板组成的。而这七块板可拼成许多图形，多达1600种以上。完整的七块板包括五块等腰直角三角形、一块正方形和一块平行四边形。七巧板的产生和发展本身就是数学知识的应用过程，它蕴含着许多深奥的科学道理。

## 渊　源

七巧板又称七巧图、智慧板，是中国民间流传的智力玩具。它是由宋代的宴几演变而来的，原为文人的一种室内游戏，后在民间演变为拼图板玩具。

据清代陆以湉《冷庐杂识》说：“宋黄伯思宴几图，以方几七，长段相参，衍为二十五体，变为六十八名。明严澂蝶几图，则又变通其制，以勾股之形，作三角相错形，如蝶翅。其式三，其制六，其数十有三，其变化之式，凡一百有余。近又有七巧图，其式五，其数七，其变化之式多至千余。体物肖形，随手变幻，盖游戏之具，足以排闷破寂，故世俗皆喜为之。”

宴几的意思是招呼客人宾宴用的案几，北宋进士黄伯思先设计了六件长方形案几，在宴会时能视宾客多寡适当调整位置，随后又增加一件小几，七件案几全拼在一起，会变成一个大长方形，分开组合可变化无穷。

后来明朝有人依照宴几图的原理，又设计了蝶几图，由十三件不同的三角形案几组成，拼在一起是一只蝴蝶展翅的形状，分开后则可拼出一百多种图形。

现代的七巧板就是在宴几图与蝶几图的基础上发展出来的。

七巧板系由一块正方形切割为五个小勾股形，将其拼凑成各种事物图形，如人物、动植物、房亭楼阁、车轿船桥等，可一人玩，也可多人进行比赛。

七巧板到了明代基本定型。明、清两代在中国民间广泛流传。在18世纪，七巧

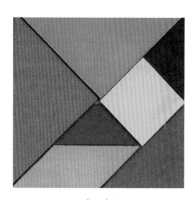

七巧板

板流传到了国外。李约瑟说它是东方最古老的消遣品之一，至今英国剑桥大学的图书馆里还珍藏着一部《七巧新谱》。

美国作家埃德加·爱伦坡特曾用象牙精制了一副七巧板。法国拿破仑在流放生活中也曾用七巧板作为消遣游戏。

## 流　程

七巧板是一种拼图游戏，它是用七块板，以各种不同的拼凑法来拼搭千变万化的形象图案。

将一块正方形的板按图所示分割成七块，就成了七巧板。用这七块板可以拼搭成几何图形，如三角形、平行四边形、不规则的多角形等；也可以拼成各种具体的人物形象，或者动物，如猫、狗、猪、马等；或者是桥、房子、宝塔，或者是一些中、英文字符号以及数字。

七巧板的玩法有4种：

依图成形，即从已知的图形来排出答案；

见影排形，从已知的图形找出一种或一种以上的排法；

自创图形，可以自己创造新的玩法、排法；

数学研究，利用七巧板来求解或证明数学问题。

操作七巧板是一种发散思维活动，有利于培养人们的观察力、注意力、想象力和创造力。因此，不仅具有娱乐的价值，还具有一定的教育价值，被人们运用到了教学当中。

# 行酒令：佐酒助兴宾主欢

酒令是酒席上的一种助兴游戏，一般是指席间推举一人为令官，余者听令轮流说诗词、联语或其他类似游戏，违令者或负者罚饮，所以又称"行令饮酒"。酒令不仅是佐酒助兴、活跃宴席的重要手段，更是使中华文化融入酒的一种表现，因而又被称为"酒中的文化"。

## 渊 源

最初，酒令的本意为有关节制人们饮酒的律令。在西周，除设有专门"掌酒之政令"的酒官，在酒宴上还设有监视人们饮酒的"监""史"。《诗·小雅·宾之初筵》说：凡此饮酒，或醉或否。不管敬酒、罚酒，都要受到"监""史"的节制，不准饮酒过度，不准有失礼仪，违者予以惩处。

到了春秋战国时代，随着西周奴隶制度的礼崩乐坏，"监""史"则被"觞政"所取代。汉代有了"觞政"，就是在酒宴上执行觞令，对不饮尽杯中酒的人实行某种处罚。西汉初，朱虚侯刘章在一次宴会中以军法行酒，中有一人不堪其醉逃席，被刘章追回后斩首。西汉时的梁孝王曾集许多名士到梁苑喝酒，并令枚乘、路侨、韩安国等作赋玩乐。韩安国赋几不成，邹阳替他代笔，被罚酒，而枚乘等人则得赏赐。这种在喝酒时制定出一定的规则，如有违反则必须受到处罚的做法，实际上已经开创了酒令的先河。

到了晋代，石崇在他的金谷园别墅中宴客，不但令客人即席赋诗，而且规定："或不能者，罚酒三斗。"产生了正式的以诗为令进行罚酒的酒令。

到了南北朝时期，这种酒令已广泛流行。据《南史·陈后主纪》载："后主常使张贵妃、孔贵嫔等八人夹坐，江总、孔范等十人预宴，号曰狎客。先命八妇襞彩笺，制五言诗。十客一时继和，迟则罚酒。"则又发展为即席唱和的方式。

不过这期间的以诗为令，发令者皆为宴会的主人，还不是众人推举的不拘身份的令

民国时期银烧盖古铜纹酒壶

官。后面这种令官的产生，大概在六朝之后，最迟也当在唐代。《梁书·王规传》载："湘东王时为京尹，与朝士宴集，属规为酒令。规从容对曰：'自江左以来，未有兹举。'"这是"酒令"单独成词的最早出处。其含义无疑就是我们现在所说的饮酒行令。

到了唐代，酒令已在社会上普遍盛行。辞章、经史、射覆、藏钩、猜枚、掷骰，皆成酒令，其花样之新、门类之多，都达到了空前的水平。

此后经由宋、元、明、清各代一直发展而盛行不衰。特别是元朝以后，由于通俗文学的发展，普遍的市井庶民，农工商业者也往往能用活泼俚俗的语言作些顺口溜，唱些小曲，所以酒令已不限于士大夫、文人雅士及富豪之家的酒宴之间，其应用范围就更加广泛了。

到了清朝，喝酒行令之风更盛。酒令发展到这一阶段，出现了三个趋向。一是酒令越行越长。有的一令长达几十字，甚至近百字。二是酒令越行越巧。行令者把语法、修辞、逻辑等许多技巧都用上了。三是行酒令越来越普遍。雅者胜于诗联，俗者近于白话。

民国时期，由于帝国主义的侵略和军阀混战割据，使中国人民陷入了水深火热之中，再加上外来文化的渗入和新文化的兴起，酒令渐渐被时局新闻、舞会划拳等所代替，这种酒文化便日益趋向冷落。

## 流　程

古人行酒令有许多规矩，简单而言，酒宴开始后，先由大家推举一位或德高望重，或身份显要，或能言善辩，或酒量大的人担任"令官"，主持"觞政"。

令官先喝过一杯令酒，表示就任后便可"发号施令"，提出行令时宾主都必须遵循的规则：一是关于组织制度和赏罚制度的规则，二是酒令游戏的技巧规则，即酒令的形式、内容。接着便可起令，逐个行令，如果谁行不出来，或是行令不符合要求，或者违反其他规则，就要喝酒或被罚饮酒。

中国酒令名目繁杂，无法精确统计到底有多少种类。清人俞敦培的《酒令丛钞》把酒令分为古今、雅令、通令、筹令四类。按其流行范围分，酒令中较为复杂、书卷气重的大多在书本知识较丰富的人士之间流行，称为雅令；而在广大民众之间则流行比较简单的酒令，称为俗令。下面简单介绍一下酒令分类。

### 1. 雅令

见于史籍的雅令有四书令、花枝令、诗令、谜语令、改字令、典故令、牙牌令、人名令、快乐令、对字令、筹令、彩云令等。酒令雅令的行令方法是：先推一人为令官，或出诗句，或出对子，其他人按首令之意续令，所续必在内容与形式上相符，不然则被罚饮酒。

### 2. 筹令

筹令，是唐代一种筹令饮酒的方式，如"论语筹令""安雅堂酒令"等。后者有五十种酒令筹，上面各写不同的劝酒、酌酒、饮酒方式，并与古代文人的典故相吻合，既活跃酒席气氛，又使人掌握许多典故。

### 3. 通令

通令的行令方法主要有掷骰、抽签、划拳、猜数等。通令很容易营造酒宴中热闹的气氛，因此较流行。比如民间流行的划拳，唐代人称为拇战、招手令、打令等。即用手指中的若干个手指的手姿代表某个数，两人出手后，相加后必等于某数，出手的同时，每人报一个数字，如果甲所说的数正好与加数之和相同，则算赢家，输者就得喝酒。如果两人说的数相同，则不计胜负，重新再来一次。

饮酒行令，不仅以酒助兴，有下酒物，而且往往伴以赋诗填词、猜谜行拳

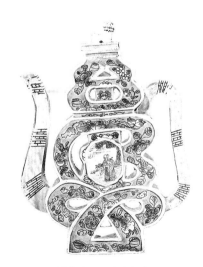

清代素三彩寿字酒壶

之举，它需要行酒令者敏捷机智，有文采和才华。因此，饮酒行令既是古人好客传统的表现，又是他们饮酒艺术与聪明才智的结晶。

## 射覆：你来比画我来猜

据《汉书·东方朔传》记载，射覆是用巾盂等物覆盖东西让人猜。射，就是猜或度量之意。唐代诗人李商隐在诗中写道："隔座送钩春酒暖，分曹射覆蜡灯红。"后来演变为通过诗句猜物。到了现代，综艺节目中常常玩的游戏"你来比画我来猜"，就有射覆的影子。

### 渊 源

射覆是古时《易经》占卜学习者为了提高自己的占筮技能而玩的一种高超而又有趣的游戏，"射"是猜度之意，"覆"是覆盖之意。覆者用瓯盂、盒子等器覆盖某一物件，射者通过占筮等途径，猜测里面是什么东西。汉代时期皇宫中已经流行射覆游戏。射覆所藏之物大都是一些生活用品，如手巾、扇子、笔墨、盒罐，等等。后来，射覆也成了酒令的一种，不过不是很普及。射覆无任何规律，没有任何的参数可供推测，此时形象思维和逻辑思维都不会发生作用，猜中的可能性微乎其微，一般人的聪明才智在这种游戏上都不起作用。

射覆一般存在于风花雪月的场合，一点儿也不亲民或接地气，所以没有得以普及。

### 流 程

射覆早期主要是制谜猜谜和用盆、盂、碗等把某个物件事先隐藏、遮盖起来，让人猜度。后来，在此基础上又产生了一种间接曲折的语言文字形式

古代射覆习惯将古物藏起来让对方猜

　　的射覆游戏，其法是用相连字句隐寓事物，令人猜度，若射者猜不出或猜错以及覆者误判射者的猜度时，都要罚酒。

　　清俞敦培《酒令丛钞·古令》中解释："然今酒座所谓射覆，又名射雕覆者，殊不类此。法以上一字为雕，下一字为覆，设注意'酒'字，则言'春'字、'浆'字使人射之，盖'春酒''酒浆'也，射者言某字，彼此会意。"这基本上说明了射覆酒令游戏的玩法原理。

# 斗茶：汤嫩味甘老则苦

斗茶始于唐代，是每年春季新茶制成后，茶农、茶人们比试新茶优劣的一项茶事活动。斗茶是古时的一种"雅玩"。唐称"茗战"，宋呼"斗茶"，场所多选在有规模的茶叶店。斗茶，或多人共斗，或两人捉对"厮杀"，三斗两胜。

## 渊源

中国的饮茶历史非常悠久，饮茶始于西汉，两晋南北朝时期逐渐扩展开来，并与儒释道结缘。客来敬茶，以茶代酒，用茶示礼，成为古来习俗。

斗茶源于唐，而盛于宋。它是在茶宴基础上发展而来的一种风俗。三国吴孙皓"密赐茶荈以代酒"。这是以茶代酒宴请宾客的开始，但尚不是正式茶宴。东晋大将军桓温每设宴，"唯下七奠茶果而已"。（《晋书·桓温传》）这当是茶宴的原型。南北朝时，"每岁吴兴、毗陵二郡太守采茶宴于此。"（山谦之《吴兴记》）

斗茶大约出现于唐代中期。《梅妃传》中记载："后上与妃斗茶，顾诸王戏曰：此'梅精'也，吹白玉笛，作惊鸿舞，一座光辉。斗茶今又胜我矣。"

到了宋代，茶宴之风盛行，与最高统治者嗜茶是分不开的，尤其是宋徽宗对茶颇有讲究，曾撰《大观茶论》二十篇，还亲自烹茶赐宴群臣，宋徽宗赵佶还编著了一本茶书《大观茶论》。书中说到斗茶的境况是："天下之士，励志清白，竟为闲暇修索之玩，莫不碎玉锵金，啜英咀华，较筐箧之精，争鉴裁之别。"由于宋徽宗的提倡，王公贵族、文人雅士以至平民百姓都热衷于茗战了。

宋代斗茶活动主要分为三类：一是士族斗茶，即文人雅士、朝廷命官在闲适的风景胜地或宫廷楼阁中进行的一种高雅的茗饮方式。二是山间斗茶，即在茶叶产地、加工作坊，对新制的茶叶进行品尝评鉴。三是市井斗茶，即贩茶者、嗜茶者在市井茶店里开展的招揽生意的斗茶活动。

古人斗茶的场景

唐庚《斗茶记》云："政和二年，三月壬戌，二三君子，相与斗茶于寄傲斋，予为取龙塘水烹之，而第其品，以某为上，某次之。"宋时文人之间常相聚作斗茶，也叫茗战，一边品茗斗试，一边吟诗作词。苏轼有诗云："武夷溪边粟粒芽，前丁后蔡相笼加。争新买宠各出意，今年斗品充官茶。"每年在新茶上贡前先要斗茶，"斗"出来的上品便是"官茶"。宋代，斗茶已发展成为民间的一项比茶叶品质、斗烹试技巧的极富趣味性的竞技活动。

范仲淹有《斗茶歌》曰：

北苑将期献天子，林下雄豪先斗美。
鼎磨云外首山铜，瓶携江上中泠水。
黄金碾畔绿尘飞，碧玉瓯中翠涛起。
斗茶味兮轻醍醐，斗茶香兮薄兰芷。
其间品第胡能欺？十目视而十手指。
胜若登仙不可攀，输同降将无穷耻。

范仲淹把斗茶的现场描述得很清楚。

元代的斗茶情景，从流传下来的元代著名书画家赵孟頫的《斗茶图》中可见一斑。从图中人物的模样和衣着来看，不像是文人墨客，倒像走街串巷的货郎，说明斗茶之风已深入民间，相沿成了一种社会风俗。

古时的斗茶，从一开始就带着浓浓的品茶韵味。于是，后来斗茶之说，渐改为品茶。

在清朝的《红楼梦》中，曹雪芹借妙玉之口，把品茶之说和喝茶之界，说得清清楚楚。妙玉笑道："岂不闻一杯为品，二杯即是解渴的蠢物，三杯便是饮牛饮骡了。"可见，清时，品茶是很讲究的。讲究什么？讲究的是量，"一杯为品"也。

古人斗茶的一些技法如今已难觅踪影，但在我国大部分的产茶区，仍能看到古代斗茶的遗风。

近几十年以来，现代斗茶活动蓬勃发展，全国的斗茶活动层出不穷。

虽然斗茶历史悠久、影响广泛，但至今没有斗茶的国家标准、行业标准或地方标准。2018年，广西壮族自治区质量技术监督局公布了《六堡茶斗茶规范》，该标准将推动现代斗茶标准化体系的完善。

## 流　程

在过去，斗茶多选在清明节期间，因此时新茶初出，最适合参斗。斗茶茶品以"新"为贵，斗茶用水以"活"为上。胜负的标准，一斗汤色，二斗水痕。

### 1. 汤色

首先看茶汤色泽是否鲜白，纯白者为胜，青白、灰白、黄白为负。因为汤色是茶的采制技艺的反映。茶汤纯白，表明茶采时肥嫩，制作恰到好处；色偏青，说明蒸时火候不足；色泛灰，说明蒸时火候已过；色泛黄，说明采制不及时；色泛红，是烘焙过了火候。

## 2. 水痕

其次看汤花持续时间长短。宋代主要饮用团饼茶，饮用前先要将茶团茶饼碾碎成粉末。如果研碾细腻，点汤、击拂都恰到好处，汤花就匀细，可以紧咬盏沿，久聚不散；如果汤花泛起后很快消散，不能咬盏，盏画便露出水痕。所以水痕出现的早晚，就成为判断茶汤优劣的依据。斗茶以水痕早出者为负，晚出者为胜。

斗茶是一门综合艺术，除了茶本身、水质外，还必须掌握冲泡技巧，宋人谓之"点茶"。蔡

明代丁云鹏绘《卢仝煮茶图》

襄《茶录》将点茶技艺分为炙茶、碾茶、罗茶、候汤、熁盏、点茶等程序，即首先必须用微火将茶饼炙干，碾成粉末，再用绢罗筛过，茶粉越细越好，"罗细则茶浮，粗则沫浮"。候汤即掌握点茶用水的沸滚程度，是点茶成败优劣的关键。唐代人煮茶已讲究"三沸水"：一沸，"沸如鱼目，微微有声"；二沸，"边缘如涌泉连珠"；三沸，"腾波鼓浪"。水在刚三沸时就要烹茶；再煮，"水老，不可食也"（《茶经·五之煮》）。

宋代点茶法同样强调水沸的程度，谓之"候汤"。"候汤最难，未熟则沫浮，过熟则茶沉。"（《蔡襄·茶录》）只有掌握好水沸的程序，才能冲泡出色味俱佳的茶汤。

斗茶，多为两人，三斗两胜，计算胜负的术语叫"相差几水"。

# 投壶：燕饮有射以乐宾

投壶是古代士大夫宴饮时做的一种投掷游戏，也是一种礼仪。在战国时期较为盛行，尤其是在唐朝，得到了发扬光大。投壶是把箭向壶里投，投中多的为胜，负者照规定的杯数喝酒。在过去，这种娱乐本身可以修身养性，并有健身的意义。

## 渊 源

投壶最初是从"六艺"中的"射礼"演变而来的。《礼记》中还专门设有投壶之礼。周代时，各种大宴会上都要进行射礼。上至天子、诸侯，下及大夫、士，各有不同的射礼仪式。投壶在春秋末年和战国时代很盛行。秦汉之后，废除射礼，投壶便成为一种宴宾的娱乐。

到了汉代，汉武帝最喜欢投壶，由此也爱屋及乌，即他同样喜欢善投壶之人。如《西京杂记》上说，当时有一个姓郭的门客，特别喜欢投壶。因为古之投壶取中而不求返，所以装小豆于壶中，这样矢就不可能跃出。郭舍人改竹为矢，倒掉壶内的小豆，这样就可以激矢令还，一矢百余返，百投百中。汉武帝最喜欢看他投壶。他每次为武帝投壶，也总能得到金帛之赐。

三国时期，名士邯郸淳还特意作《投壶赋》献给当时的魏文帝曹丕。魏文帝看后，甚是高兴，赐帛十匹。

魏晋之后，投壶又增添了许多花样，比如可以闭着眼投壶，隔着屏风投壶。有个叫薛眘惑的人，

明代的铜投壶

还可以背对着壶，由身前反着投掷，照常能百发百中。

到了宋代，因为本来是礼仪的投壶变成了纯娱乐的百姓之戏，一些宋儒认为世风日下，需要拨乱扶正。宋朝司马光重定的"投壶新格"，想恢复投壶的礼仪功能，结果，百姓不买账，也扼杀了投壶的娱乐功能，投壶这一娱乐项目渐渐地消失了。

到了明代，也有关于投壶的著述。如明末《投壶奏矢》称，当时的投法有140种之多。清朝，投壶活动日趋减少。不过，到清朝末年宫中也还在流传。民国时期，孙传芳还想通过提倡投壶，进而倡导"尊孔复礼"之风。结果，自然没人理会。随着西方现代体育的传入，投壶退出了历史舞台。

## 流　程

投壶的规则很简单，必须是整个箭都投进去才算，只投进去箭头是不算赢的。在古代，达官贵人为了助兴，还有专门的乐师在旁边演奏音乐。当时，投壶时演奏的音乐叫"二十六篇"，也就是二十六种音乐，比如鹿鸣、狸首、白驹，等等，大多数和动物有关。

《明宣宗行乐图》中，明宣宗在投壶

投壶口广腹大、颈细长。通常在壶中装满小红豆，使投入的箭杆不会跃出。矢的长度以"扶"（汉制，约相当于13厘米）为单位，分五、七、九扶，光线越暗距离越远，则所用之矢越长。

首先，它要求参加投壶的宾主，包括侍从，都要受礼的约束。不能怠慢、不可傲慢、不得背立、不准谈论他事，否则，就要受到惩罚。

其次，它的礼节也很烦琐。投壶之前，主客之间要请让三次才能进行。

投壶时，专有管计数的人面东而立。如果主人投中一次，就从装着记数竹签的器皿里抽出一支，丢在南面；如果客人投中一次，就把竹签丢在北面。最后由记数的人根据双方在南、北地面上得竹签的多少来计算胜负。两签叫一"纯"，一签叫一"奇"。比如，如果主人投中十支，报数时称为"五纯"；如果客人共中九支签，报数时称"九奇"；结果，主人胜客人"一奇"。如果双方得签数相等，叫作"均"，报数时称"左右均"。

最后，主人要为宾客演奏"狸首"之乐。至此，整个投壶过程才算完成。

后来民间的投壶游戏就简单多了，也没什么规矩，投进去就算，投不进去就喝酒，百姓不受约束，此游戏才能得以推广。

# 鞭春牛：打牛三下农开始

明、清时期，民间有迎土牛、迎农祥、浴蚕种等习俗。鞭春牛意在策励农耕。过去有民谣云："春日春风动，春江春水流。春人饮春酒，春官鞭春牛。"立春日，村里推选一位老者，用鞭子象征性地打春牛三下，意味着一年的农事开始。然后众村民将泥牛打烂，分土而回，撒在各自的农田。

## 渊　源

鞭春牛是汉族岁时风俗，据说起源于西周时期，宋代高承在《事物纪原》里说："周公始制立春土牛，盖出土牛以示农耕早晚。"周代，每逢立春前三日，天子开始吃素沐浴，到了立春那天，天子亲率公卿百官去东郊迎春。此外，又预先塑制好和真牛一般大小的土牛送到东郊，等确认已迎来春天后，便用鞭子抽打土牛，表示督促它春耕。

到了汉代，鞭春牛风俗已相当流行。立春日清晨，京城百官身着青衣、戴青帽、立青幡，送土牛于城门外，官员执鞭击土牛，以示劝农的迎春，这种仪式，已经固定下来，并传到了各郡县。鞭春牛之后，老百姓哄抢碎牛的散土，认为"土牛之肉宜蚕，兼辟瘟疫"。

到了唐代，这套礼仪更演变成全国上下同时进行的活动：每年夏季，即由中央历法部门预测好来年立春的准确时间，并根据年月干

**年画中的春牛图**

支，决定取哪一方向的水土做成一头土牛和一尊句芒神的造型，此后，各级地方政府都据此规定和样式，也照样塑制好一套。到了立春那天，皇帝率领百官在京都先农坛前迎春鞭牛，各级地方长官和佐二随员带领百姓在城郊迎春拜牛。

宋代鞭春牛更加普遍，《东京梦华录》中记载："立春前一日，开封府进春牛入禁中鞭春；开封、祥符两县，置春牛于府前，至日绝早，府僚打春，如方州仪。"宋仁宗颁布《土牛经》后，鞭春牛之风日益活跃，由宫廷、官署而遍及乡里，使鞭土牛的风俗传播得更广，以至成为民俗文化的重

要内容。当时街市上多有泥制的小春牛出卖。

到了元朝，受汉地风俗的影响，元代宫廷中亦有了迎春牛、鞭春牛等活动。每年立春前，太史院先要奏报立春的具体日期，并且移文宛平县或大兴县（今大兴区），准备春牛、句芒神等。

明代，迎春礼仪更加广泛。《明会典》中明确规定了《有司鞭春仪》，除用土牛迎接春天的到来，通过验占散病逐疫、祈求丰收、祈求吉利财旺以外，鞭春牛的习俗更加引起人们的重视。认为鞭春牛之土一可以涂灶祛虫蚁，二可以宜桑宜畜，三可以得春为吉。

清代康熙时期，山东民间要把土做的牛打碎，人人争抢春牛土，谓之抢春，以抢得牛头为吉利。浙江境内迎春牛的特点是，迎春牛时，依次向春牛叩头，拜完，百姓一拥而上，将春牛弄碎，然后将抢得的春牛泥带回家撒在牛栏内。

清代《燕京岁时记》载："……立春先一日，顺天府官员至东直门外一里春场迎春，立春日礼部呈进春山宝座，顺天府呈进春牛图，礼毕回署，引春牛而击之，曰打春……"男人们鞭春时，女人们戴春，她们头戴色彩艳丽的纯幡，也用裁剪的春燕、春蝶作饰物，老人和孩子则不忘"咬春"，也就是吃春卷、春饼。

春牛在迎春仪式中为主角。旧时历书和民间木版年画上，常印有春牛图案，大体是按古时打春牛的情景描绘，寓意迎春天，农事始，五谷丰。年年春打六九头，烟火爆竹放未休。五彩旌旗喧锣鼓，围看府尹鞭春牛。

山东潍坊年画中有一幅《春牛图》，上部绘有句芒神和春牛，下为二人吃春饼，其上有一段文字："我是上方一春牛，千差万派我下遍地游，不食人间草和料，专吃散灾小鬼头。"从中看出春牛本身就是一种吉祥物，是神灵所使，"专吃散灾小鬼头"。人们不仅送小春牛，还把抢来的春牛土和水，涂在灶上，认为可除邪气，全家平安。在这里春牛又成为一种避邪巫术了。

在其他地区也有自己的春牛形象，如苏州桃花坞的春牛图，在该图前有一牛郎牵牛，牛驮着财宝，后有一官人持扇鞭牛；贵州台江苗族的春牛图，不仅绘有春牛，还绘有农具、耕地等动作。

2019年2月4日，北京东城区建国门街道第十三届立春文化节"风车迎春　鞭打春牛"仪式在北京古观象台举行。11时14分14秒，参加活动的人们挥鞭打春牛。鞭牛过后，大家将牛肚子里装满杂粮的福袋掏出，分发给现场的人们，寓意五谷丰登、风调雨顺。

## 流　程

春牛的形象有一定规定，也是根据干支来制作的。清人阮葵生《茶余客话》卷十三："立春鞭土牛，必备五方之色。"在《钦定日下旧闻考》卷一百四十七有造春牛法，根据其相对应或相克关系，决定春牛的形象。大概就是：

戊属土，土呈黄色，牛头为黄色；

申属金，金呈白色，牛身为白色；

立春年纳音属土，牛腹为黄色；

立春日干属金，金为白色，牛角、耳、尾俱白；

立春日支属木，木为青色，牛胫为青色；

立春日纳音属木，木为青色，牛蹄为青色；

戊申系阳年，故牛开口，牛尾左缴，阴年则牛口合，牛尾右缴；

立春日干属金，克金者火，火呈红色，牛笼头，拘绳皆为红色；

戊申系阳年，牛踏板用县衙门左扇门。

从上述事实看出，清朝每年六月都责成钦天监按年建干支，推算次年春牛之颜色、形象、绘色，制成春牛、句芒神图，然后发往各地府县，各地官员再依图绘制春牛、句芒神像，由主管祭春，众人持鞭打春牛，举行隆重的祭春仪式。

制作春牛时很有讲究，春牛的牛身长三尺六寸五（约112厘米），象征一年365天；牛尾长一尺二寸（约35厘米），象征一年12个月；四蹄象征四季；柳条象征春天；同时柳条鞭子长二尺四寸（约70厘米），代表24个节气。

春鞭用料也很讲究，春鞭又名春杖，宋陈元靓《岁时广记》卷八引《岁时杂记》："春杖事用五彩丝缠之，官吏人各二条，以鞭春牛。"以立春日时间确定，即地支：寅、巳、申、亥用麻，子、卯、午、酉用苧，丑、辰、未、戌用丝。后来也有用彩纸装饰春鞭的。

老版年画中的鞭打春牛

在鞭春牛时，各地还唱民歌，比如："一鞭曰风调雨顺，二鞭曰国泰平安，三鞭曰天子万岁春。"再比如："迎来芒神，鞭打春牛，一打风调雨顺、二打国泰民安、三打五谷丰登、四打六畜兴旺、五打万事大吉、六打天下太平……"这些民谣传达的正是人们鞭春牛时的心声。

# 玩骨牌：日常消遣输赢快

骨牌别称牙牌、牌九、天九，是古时的一种中国民间娱乐工具，各种成套点色都有名称。因骨牌多系兽骨制成，也有用象牙制成的，故亦称牙牌。骨牌最早产生的时间大约在中国北宋宣和年间，因此也被称作"宣和牌"。在明清时期盛行的"推牌九""打天九"都是较吸引人的游戏。麻将是骨牌中影响最广的一种游戏形式。

## 渊 源

据传说，牌九发明于秦朝，秦始皇建造长城，劳工逃脱不掉就消极怠工，为了调动积极性，就发明了以点数分输赢的"牌九"。牌九有32张牌，造型有21种，共227个点数。牌九被发明后，劳工们时常在劳作休息时玩娱。

到了唐朝，皇亲国戚和皇上都对牌九有兴趣，并沉浸于此，当作日常的消遣；而民间也极为盛行，其中，推牌九输赢太快（民间形容为"一翻一瞪眼"），造成了社会危害，之后各朝代虽然明令禁止，但屡禁不绝。

宋宣和二年（1120年），骨牌游戏在宋高宗时传入宫中，随后迅速在全国盛行。当时的骨牌多由牙骨制成，所以骨牌又有"牙牌"之称，民间称之为牌九。

后来，一位名叫多米诺的意大利传教徒把这种骨牌带回了米兰。作为最珍贵的礼物，他把骨牌送给了小女儿。多米诺为了让更多的人玩上骨牌，制作了大量的木制骨牌，并发明了各种玩法。不久，木制骨牌就迅速在意大利及整个欧洲传播，骨牌游戏成了欧洲人的一项高雅活动。

后来，人们为了感谢多米诺给他们带来这么好的一项娱乐项目，就把这种骨牌游戏命名为"多米诺"。现今，多米诺已经成为世界性的活动。

## 流　程

过去的牌九

骨牌呈长方形，比麻将牌大，每扇牌面都由骰子的两个面拼成，如两个六点便成"天牌"，两个"幺"便是"地牌"，一颗五点一颗六点拼在一起就是"虎头"。两枚骰子的图案可以组合成二十一种不同的牌式，其中有十一种牌是成对的，叫作"文牌"，其余十种为单张，叫作"武牌"。一副骨牌一共有三十二张。

推牌九时一般是轮流坐庄，庄家砌好牌后，用骰子掷出点数，然后按顺序将牌分配到每个参与者手中，参与者的牌与庄家比大小。如比庄家大，庄家赔注，比庄家小，庄家吃注。

一副骨牌只有32张，比起一百多张一副的麻将来简单得多，所以才能在过去流行起来。

骨牌成对的牌有个专门的术语叫"文牌"，单张的则称为"武牌"。下面简单介绍一下。

1. 文牌

两个六点：称为天牌。

两个一点：称为地牌。

两个四点：称为人牌。

一点和三点：称为和牌，或者鹅牌。

两个五点：称为梅花，或者梅牌。

两个三点：称为长牌，或者长三。

两个二点：称为板凳。

六点和五点：称为虎头，或者斧。

六点和四点：就叫四六啦，又叫红头十，因为牌面上总共十点。

六点和一点：幺六，又名高脚七（牌面七点，六点形如两条长脚）。

五点和一点：幺五，又名大头六。

2. 武牌

五点和四点称为红九，三点和六点称为黑九，这两张牌凑一起叫杂九对。

五点和三点称为黑八，六点和二点称为平八，合称杂八对。

五点和二点称为黑七，三点和四点称为红七，合称杂七对。

四点和一点称为红五，二点和三点称为黑五，合称杂五对。

二点和四点称为二四，又称大杂六，一点和二点称为幺鸡、丁三、丁鸡等，又称小杂，两者合称大小杂，但同时还有个名字叫"至尊宝"。

## 斗叶子：纸牌麻将发源处

扑克的多种起源有多种说法，其中较为被人所接受的就是现代扑克起源于中国的"叶子戏"。叶子戏至清代，样式及打法已基本完善，并有逐渐演变至马吊牌的说法。叶子戏于元代传到西方，演变成了塔罗牌及现代扑克，而在中国，则逐渐演变成麻将及牌九。

### 渊 源

我国早在汉代就出现了一种叫作"叶子戏"的纸牌游戏。相传是大将军韩信为了减轻出门打仗的士兵的乡愁，在军中发明了"叶子戏"供士兵娱乐

过去人们玩的叶子牌

用，因其只有树叶大小，故称之为叶子戏。

唐初，民间流传一种博戏——彩选。唐文宗开成年间，贺州刺史李郃对"彩选"加以改良，发明了书写在册页上的纸牌博具。当时这种博戏在王公贵族中十分盛行。不久，便随着我国木刻雕牌印刷术的兴起采用新法刻印纸牌了。唐代《成定录》中有这样一段记述："唐李为贺州刺史，与妓人叶茂莲江行……因谓'叶子戏'。""叶子"本义是指书卷中的一页，"叶子戏"纸牌是以纸片绘制而成的。

唐代中期，开始有了关于叶子戏的文字记载。唐人苏鹗在《同昌公主传》中对叶子戏有过详细描述。唐代一名叫叶子青的人还撰写了一部叶子戏专著《叶子格》，详细记载了叶子戏的玩法，说明纸牌发展到那个时期已相当成熟，也足可见在当时，叶子戏具有多么广泛的群众基础。

在唐代以后的郑樵所编的《通志略》中，也记载了唐五代时期李煜的妃子周氏玩"叶子戏"的场景。这些都确凿地表明，在唐代中后期，"叶子戏"在宫中风行一时。

"叶子戏"风靡全国是在宋代，不但文人学士乐此不疲，就连平民百姓也饶有兴趣。还出现了一些有关"叶子戏"的书籍和牌谱，如《叶戏原起》《编金叶子格》《小叶子格》《新定编叶子格》《击蒙叶子格》等。《叶戏原起》一书中这样形容道："便宜挟以游，一也；灵活可思，二也；无弹棋坐隐之烦，三也；可容坐四人，四也；可以聚谈不厌，五也。"

宋代"叶子戏"开始和酒令联系起来。叶子上所绘的都是古代能喝酒或嗜酒如命的人，每张叶子用一首五言绝句来概括这个掌故，用一句话作结，末尾写着罚酒、饮酒的方法。根据《辽史·穆宗本纪》中记载，辽穆宗就和群臣一起玩"叶子戏"。辽以后，"叶子戏"在北方民间广为流行。

到了元代，元世祖时曾一度加以禁止，规定屡教不改的玩者将被流放到北部边疆。但是这样的禁令收效甚微，叶子戏继续流行。

到了明代，这个游戏又有了新的发展。每套分为4门40张，牌长8厘米，宽2.5厘米。牌上图案名目繁多，绘有各色人物、花鸟虫鱼、飞禽走兽等。明代很多画家、文人都参与了叶子和酒牌的创作，使得明代纸牌设计水准达到登峰造极的程度。明代大画家陈洪绶用4个月时间创作的一套《水浒叶子》，牌面上40位梁山好汉神态各异，成为中国古代画坛之瑰宝。把纸牌从单纯的娱乐活动转化成各种各样的算命、赌博等民俗活动，也是从这个时候开始的。

明末清初，叶子不仅有作古将相图的，还有作美人图、作甲第图的，还有分鸟、兽、虫、鱼门类图形的，这就使"叶子戏"更具观赏性，更吸引人的眼球。作为"叶子戏"的分支，"马吊"的玩法使入局者气静声和，所以又叫"无声落叶"，士大夫们尤为喜爱。

明朝万历年间盛行马吊，顾炎武《日知录》中说："万历之来，太平无事，士大夫无所用心，间有相从赌博者，至天启中，始行马吊之戏。"马吊兴起于吴中，时称为"吴吊"。明代的文人多热衷此道，王崇简《冬夜笺记》说："士大夫好之，穷日累夜，若痴若狂。"冯梦龙还写有《马吊牌经》。吴伟业的《绥冠纪略》认为，"万历末年，民间好叶子戏，图赵宋时山东

过去叶子戏上的人物图谱

群盗姓名于牌而斗之，至崇祯时大盛""明之亡，亡于马吊"。明代，"马吊"真是使许多人如痴若狂，玩得天昏地暗，并开始有了赌博的性质。

到了清代，"叶子戏"更为鼎盛，各种分支纷纷出现，如"斗虎""红楼叶戏""诗牌"，但最为普遍和最有代表性的仍推"马吊"，并且"马吊"完全陷入了赌博的旋涡。钱泳在《履园丛话》中指出：上自公卿大夫，下至百姓徒隶，以及绣房闺阁之人，莫不好赌。

清同治三年（1864年），陈鱼门将纸牌改为竹牌，保留了碰和牌中的"万""索""筒"，共108张，把"红花"改为"绿发"，"白花"改"白板"，"老千"改"红中"，每样四张。同时增加东、南、西、北四个方向的风，每样也是四张。由此形成当时流行的一百三十六张一副的麻将牌。

12世纪时，马可波罗把这种纸牌游戏从中国带到了欧洲，随即引起了欧洲人的极大兴趣。一开始，它只是贵族们的奢侈品，但因为它造价低廉，玩法多样，很容易学，所以很快就在民间流行起来。西方人在中国纸牌的基础上，不断创新，历经胜牌、惠斯特牌、桥牌等几个阶段，最后演变为现今的扑克牌。

早期各国扑克的张数是不一样的，比如意大利扑克是22张，德国的是32

过去年画中打叶子牌的场景

张，西班牙的是40张，法国的是52张。通常见到的54张扑克是由1392年法国开始出现的52张扑克的模式，外加"大王""小王"发展而来，后来各国扑克都逐渐统一为现今的54张。

## 流　程

叶子戏的玩法是依次抓牌，大可以捉小，与西方纸牌是一脉相通的。牌未出时一律反扣为暗牌，不让他人看见；出叶子后一律仰放，由斗者从明牌去推算未出之牌，以施竞技，和扑克牌的打法相差无几。

到了明清时期，"叶子戏"演变的"马吊"牌的打法让很多人沉迷。这种马吊牌"四十叶为一具，一叶为一种，分四门，自相统辖。打时，四人入座，人各八叶，以大击小而现出色样，及余八叶冲出色样，出奇制胜，变化无穷"。这种"马吊"牌后来演变为今天的麻将。

马吊牌又称马吊脚，意思是打牌时需要四个人，犹如马有四脚，缺一不可。

# 升官图：转动陀螺得官职

升官图游戏以不断"升官"为目的，只是将异常复杂的"晋升之路"交由掷出骰子的大小决定。

过去的升官图大都是木版印的，明、清、民国都有，内容上有区别。过去，玩升官图是非常流行的年俗，家长常鼓励孩子们进行这个游戏，希望这个游戏刺激小孩读书上进，进入仕途。

## 渊　源

"纷纷争欲做忠臣，杨左孙周有几人。当日忠臣不惜命，近日升官有捷径。"这首明末小诗，说的是一种在当时很流行的游戏——升官图。

升官图又名"彩选格""选官图"，据传始于唐代。宋代徐垓有绝句："砚乾笔秃墨糊涂，半夜敲门送省符。掷得么么监岳庙，恰如输了选官图。"首次将"选官图"游戏写入了诗中。唐时游戏涉及的官职很简单，只有几十个。游戏盘也多用木板制作，发明的初衷可能是为讽刺官场黑暗。近年来考古发现，汉代画像砖中已有升官图游戏场景。

明代中期谢肇淛《五杂俎》写道："唐李郃有骰子选格，宋刘蒙叟、杨亿等有彩选格，即今升官图也……"清代乾隆年间史学家赵翼的《陔余业考》说："世俗局戏有升官图，开列大小官位于纸上，以明琼掷之，计点数之多寡，以定升降……今升官图一名百官铎，有明一代官制略备，以明琼掷之定迁擢，有赃则降罚，相传为倪鸿宝所造。"

历代升官图都有变化，目前比较通行的说法是明代倪元璐所创，但无实据。

在清代，"升官图"是守岁时必玩的游戏。据《海云堂随记》载："丙申（1896年）正月十三日。年除日、正月十五、三月十五，商家循例至天

古画中的明代官员画像

后庙上香称'耍春'。商民玩叶戏、扑老鸡、掷升官图、打满地锦者，在在皆是。"

《升官图》把明清的职官不论大小尊卑，都列之于表，毫无遗漏，对了解明清官制起到了辅助作用。此外官位通过"德、才、功"晋升，而贪赃枉法则会退步，也是一种寓教于乐的方式。民国时期，还出现了从小学生到大总统的升官图游戏。各种升官图游戏虽然形式不同，但基本规则和玩法却是完全一样的。

到了中华人民共和国成立初期，升官图游戏渐渐少了。中华人民共和国成立后，民间游艺项目层出不穷，升官图游戏慢慢消失了。

## 流　程

升官图游戏的工具是一副棋盘和一枚四面陀螺。棋盘一般为方形，以木板套色印刷。正中并列三格，分别写有太师、太保、太傅，每一格下分四栏用小字进行标注，分别写明了"德、才、功、赃"四种不同情况下的奖惩办法。环绕太师、太保和太傅的是三圈大小不一样的格子，每个格子均写有一项官衔，这些官衔依照所属的衙门归类排列，从京内的内阁、六部到外埠的督抚道县均有，在每个格子的下方都用小字附注"德、才、功、赃"的奖惩办法。在正方形棋盘一侧的最外围一圈，格子中所标注的不是官衔，而是出身，从白丁开始到状元为止共有15种出身。游戏者需从白丁开始首先获得出身才能进一步得到官衔。

结构是这样的：起首是科举之路，从白丁、童生、案首、监生、秀才、廪生、贡生、举人、解元、进士、会元、传胪、探花、榜眼最后到状元，共十五个递进。

有了功名就该入仕，先是知县衙门，再知州衙门、知府衙门、京县衙门、按察司衙门、监运司衙门、布政司衙门、京府衙门、督府衙门、钦差衙门、詹事府衙门、科道衙门、都察院衙门、国子监衙门、九卿衙门、六部衙门、翰林院衙门、内阁衙门，最后是太傅、太师、太保，共十九个官府机

民国时期的升官图

构，但并不都是官阶的递进，而是衙门口的递进。

陀螺是升官图游戏的另一个工具，陀螺共分四面，多为木质，也有高级陀螺用红木或象牙雕刻，陀螺四面分别写有"德""才""功""赃"的字样，高级的陀螺四个字分别用红、绿、蓝、白四色书写，普通的陀螺"德""才""功"用红色写，"赃"则必须用黑色书写。

除了使用陀螺，也有使用骰子的玩法。根据唐代古籍《骰子选格序》记载，升官图游戏"以六骰双双为戏，更投局上，以数多少为进身职官之差"，但是以六枚骰子进行游戏的具体规则早已失传。

参与者各用一枚棋子，从白丁起始，轮流转动陀螺，根据陀螺停止转动之后显示的字，按照棋盘上的判词移动棋子，通常"德"的判词最好，可以获得越级升迁，"才"也能获得升迁，"功"则原地不动，转得"赃"便会被贬黜。

游戏的最终是太师位，但必须在太师位上再掷出"德"，得到"荣归"才算功德圆满，可见古代人对善始善终的看重。

## 双陆：策略运气皆需要

双陆，古代博戏用具，同时也是一种棋盘游戏。棋子的移动以掷骰子的点数决定，首位把所有棋子移离棋盘者获胜。虽然游戏有很大的碰运气的成分，但是游戏的策略仍然十分重要。每次掷骰子，玩者都要从多种选择中选出最佳的走法。

## 渊　源

中国古代的双陆是一种类似赌博的棋戏，南北朝时由西亚、印度一带传入中国，相传是在由印度传入的波罗塞戏基础上，由曹魏时期的曹植糅合六博的特点而创设的。《事物纪原》一书说，三国时曹魏"陈思王曹子建制双陆，置投子二"。初期有两枚骰子，唐朝末年后逐渐加到六枚。

双陆传入中国后，流行于曹魏时期。但隋以前的史籍中，谈及双陆者鲜见，到了唐朝，记载才多起来。《旧唐书·后妃传》记载：武三思进入宫中，被升为御床，有一次和韦后打双陆，唐中宗就在一旁为他们点筹进行娱乐游戏。

宋代，双陆在各地更为普及。当时，北方的酒楼茶馆里，往往设有双陆盘，供人们边品茶边玩双陆。

1974年，辽宁省法库县叶茂台7号辽墓中出土了一副双陆棋具，反映出当时北方的契丹人中也盛行双陆游戏。《契丹国志》称："夏月以布易毡帐，籍草围棋、双陆。"《辽史》曾记，太后于统和六年（988年）九月，曾幸权臣韩德让帐中，命从臣分朋双陆以尽欢。辽兴宗耶律宗真时，曾与皇太弟耶律重元弈此棋赌居民城邑，前后输偿数城，后以臣僚劝谏方罢。

还有因此棋输赢而动干戈之事。契丹末年，女真首领完颜阿骨打赴契丹，"辽之贵人与为双棋戏，贵人投琼不胜，妄行马。阿骨打愤甚，拔小佩刀欲刺之，悟室从旁救止"。

双陆在元代属于一种"才子型"的游戏，为文人及风流子弟所喜爱，像诗人柳贯、曲家周德清、戏剧家关汉卿等均有咏颂双陆的佳作传世。

明代双陆依然十分流行，从《金瓶梅》中可见双陆在当时是时髦人士必须会玩的游戏，书中大量提到双陆，几乎老少男女，闺阁千金至名姬冶妓都

唐代周昉《内人双陆图》，美国弗利尔美术馆藏

玩得一手好双陆，可见当时双陆很有人气。

双陆在清初已呈衰势。在清初李渔的《风筝误》等作品中尚有提及。乾隆时期，民间用双陆棋来赌博，乾隆下令封杀双陆棋。

如今，双陆已失传，有些学者曾试图复原双陆游戏，但未能成功。

## 流　程

双陆是古代一种棋类游戏，有固定的长方形盘，上画左右各六路，双方分黑白各十五个马子，状如保龄球的小木棒。马子按规定在盘边摆放，双方轮流掷骰子，按点多少移动马子。白马子自右向左，黑马子自左向右。马子先出尽者为胜。

其博法已于清末失传，但双陆的局、马、骰在出土和传世文物中不乏实例。1973年新疆吐鲁番阿斯塔那唐墓出土了一件镶嵌螺钿的双陆局，长28厘米，高7.8厘米，曲尺形足间开壶门洞，下有托泥，局面上沿长边中央有月牙形的"门"，左右各有6个以螺钿镶成的花眼，局中央有纵向、横向格线各2条，围成3个空间，内以螺钿镶嵌成云朵、花枝、飞鸟图案。1974年辽宁省法库县叶茂台7号辽墓出土的双陆局上尚置有全套髹漆的木马及象牙骰子。故宫博物院所藏清乾隆时的双陆，马用玉制作，骰子也是青玉做的，0.7厘米见方，十分精美。

过去国外贵族也玩双陆

在日本，现存一部叫作《双陆锦囊钞》的书，书中简要地述说了双陆的玩法。日本的双陆是唐朝时传入的，因此，其格式和行棋方法完全照搬唐式。根据书中所述，一套双陆主要包括棋盘、黑白棋子各15枚，骰子2枚。其中棋盘上面刻有对等的12条竖线；骰子呈六面体，分别刻有从一到六的数值。玩时，首先掷出二骰，骰子顶面所显示的值是几，便行进几步。先将全部己方15枚棋子走进最后的6条刻线以内者，即获全胜。由于这种棋戏进退幅度大，胜负转换易，因而带有极强的趣味性和偶然性。

宋代洪遵着有《谱双》一书，是详记双陆的类型、局盘制度、布子格式、行马规则等的重要文献。

# 抖空竹：技法绝妙能健身

空竹古称"胡敲"，也叫"地铃""空钟""风葫芦"，济南俗称"老牛"。抖空竹亦称"抖嗡""抖地铃""扯铃"，流行于全国各地。空竹一般为木质或竹质，中空，因而得名，是一种用线绳抖动使其高速旋转而发出响声的玩具。空竹早为宫廷玩物，在古时候年轻女子玩空竹被视为高雅之举，现代年轻女子表演空竹被视为绝妙之技。

## 渊　源

空竹在中国有着悠久的历史。据考证，空竹最早是由汉族民间游戏用具陀螺演变而来的。为延长陀螺的旋转时间，人们改用鞭子抽击这些木制陀螺或陶制陀螺；再后来，改用竹制陀螺，并在上面开口利用空气冲击发出哨声，即"鸣声陀螺"，后来"鸣声陀螺"渐渐有了"空竹"的别称。

不过，也有专家学者提出自己的看法。有人认为，三国时期曹植就曾作过一首《空竹赋》，是有关空竹最早的记录，说明空竹起源于三国时期。也有人认为，宋代百戏杂技项目中的"弄斗"为抖空竹的前身。关于空竹真正的起源，还有待考证。

不过，三国时期，已有空竹游戏，是可以确定的。

在《水浒传》第一百一十回中，宋江在受命征讨方腊的路上看到有人玩"胡敲"，有感于宿太尉保举之恩而作诗云："一声低来一声高，嘹亮声音透碧霄。空有许多雄气力，无人提携漫徒劳。"当然，小说是后人所写，但也表明，在写书人所处的明代，抖空竹已经很常见了。

在明朝早期，空竹的造型特点与玩法均已经相当成熟。不过，明代的空竹游戏，是地上和空中多种玩法并存的。明代人刘侗、于奕正在《帝京景物略·春场》中，不仅记述了"杨柳儿活，抽陀螺；杨柳儿青，放空钟"的童谣，还记述了空竹的制作方法及玩法："空钟者，刳木中空，旁口，荡以沥青，卓地如仰钟，而柄其上之平。别一绳绕其柄，

抖空竹图，出自《清代民间生活图集》

别一竹尺有孔，度其绳而抵格空钟，绳勒右却，竹勒左却。一勒，空钟轰而疾转，大者声钟，小亦蛞蝓飞声，一钟声歇时乃已。制径寸至八九寸。其放之，一人至三人。"当时的"放空钟"的动作不是抖拉，它的转动也不是在空中而是在地面，属于"鸣声陀螺"。

老版画中儿童抖空竹的形象

到了清代，抖空竹的方式逐渐成熟。清人李虹若在《朝市丛载》中说："抖空竹。每逢庙集，以绳抖响，抛起数丈之高，仍以绳承接，演习各样身段。"还说："狗熊傀儡互喧闹，汗粉淋漓跑旱船，抖起空竹入云表，千人仰面站沟沿。"此外，抖空竹也成了摊贩商人招揽生意的手段。

清代杂技艺人们在原有花样的基础上，又创作出许多新的花样和高难技巧。在发展过程中，艺人们不仅表演抖传统的车轮式双头空竹，又设计出陀螺式的单头空竹，而且还可以把茶壶盖、小花瓶等器物作为抖弄的道具进行表演。

清朝是抖空竹发展的一个鼎盛时期。参与抖空竹的人群不断扩大，从儿童扩大到了王宫贵族、商人及普通民众。因此，抖空竹至清代已广为流传，并一直持续到今天。

近些年来，抖空竹在全国各地都有很大的发展。抖空竹能强身健体、减少疾病，深受广大中老年朋友的喜爱。

## 流 程

按空竹的结构来分，可以分为单头空竹、双头空竹、双轴空竹、楼子空竹、地轴空竹。

按规格来分类，空竹最小的直径为2厘米，最大的可达40厘米以上，但经常用的空竹（练习或表演）直径一般是10厘米至13厘米。

按制作的原材料来分，有竹木结构空竹，是用粗竹竿裁割与木材相组合成的，这是最传统的做法。还有塑钢、塑木结构的空竹，一般用工程塑料注塑而成，然后再与金属轴或木轴连接，使用寿命是竹木结构空竹的3倍左右。

此外，还有塑胶+金属结构的空竹，是利用橡胶或是塑料制成与金属轴连接，优点是不易损坏，使用寿命更长。

抖空竹游戏的技巧性相当强，空竹是圆柱棍连接侧面圆盘的一种旋转玩具，由另外两根辅助细木棒绑上连线组成。玩时将线缠绕到圆柱中心位置的槽隙几圈后，先慢慢拉起空竹旋转起来，然后双手有技巧地甩抖线棒，使空竹顺惯性在线绳上不停地旋转。抖空竹的花样很多，有金鸡上架、翻山越岭、织女纺线、夜观银河、二郎担山、抬头望月、鲤鱼摆尾、童子拜月、鹞子翻身、彩云追月、海底捞月、青云直上等动作。还有最令人叫绝的空竹花样，叫"蚂蚁上树"，把长绳一端系于树梢，另一端手持；旁边一人抖动一根空竹，将飞转的空竹抛向长绳，持绳者用力拉动长绳，将空竹抖向高空，可飞上几十米的空中。待空竹落下时，抖空竹者稳稳接住。

# 第五章

# 生活用具类老玩意儿

时代在发展，人们的生活也在发生变化，很多曾经盛行的东西转眼就变成了老物件。过去厨房中用的风箱、笊篱，盛东西用的纸缸，照明用的煤油灯，梳头用的梳篦，暖脚用的汤婆子，吸烟用的水烟袋，遮风挡雨用的斗笠、蓑衣……这些老物件曾经是人们生活中的主角，而今，都已成为记忆……

# 风箱：推拉之间来鼓风

以前农村家家户户的灶房里都有用砖砌成的锅灶，旁边放着一个风箱。右手拉风箱，左手添柴禾。灶火的大、小、旺、乏，全凭着锅台旁边的那个木头风箱。做一顿饭，少说也要把那风箱把儿拉上成百上千下，很辛苦。

## 渊　源

风箱是谁发明的，已无从查考。远古时，先人们都是用竹筒子吹火，后来发明了橐（亦称"橐龠"，读作tuó yuè），是用牛皮制造的风袋，用来鼓风。据史料记载，橐于战国时代已经存在，汉代典籍中论及橐龠者甚众。老子在《道德经》里用橐比喻空间："天地之间，其犹橐龠乎？虚而不屈，动而愈出。"他说，天地之间不正像风箱吗？虽然它空，却不会穷尽。

汉朝文献中论及橐者很多，山东滕县（今滕州）出土的汉朝冶铁画像石中就有橐的画面，它有3个木环、两块圆板，外敷皮革而成。拉开皮橐，空气通过进气阀而入橐；压缩皮橐，橐内的空气通过排气阀而进入输风管，最后再进入冶炼炉中。

以上是单橐作业，后来出现了多橐并联或串联的装置，名为"橐籥（籥，读作yuè，按顺序排列之意）"，汉代又称之为"排橐"。汉朝冶铁的技术得以大幅度地发展，与橐的动力的改进有密切关系。

双动活塞式风箱是我国在

《天工开物》中汉代冶铁的场面

鼓风技术方面最重要的发明，它出现于唐代或宋代。公元1280年印制的《演禽斗数三世相书》中，刊载有一幅世界上最古老的双动式活塞风箱图，相传该书是唐初袁天罡所撰，宋代初次刊行。明代《天工开物》中所载的活塞式风箱，与此类似。活塞式风箱正逆行程都做有用功，用手拉动活动木箱，每行程中一端排气鼓风，一端同时吸取等量空气，因而能提供连续风流，提高鼓风效率，是鼓风技术上的重大进步。

以前农村家家户户灶房里都放着风箱，现代农村已几乎不用了。家家户户都开始用煤气灶、电磁炉等，风箱正渐渐成为历史记忆。

## 流　程

风箱的制作并不十分复杂，但做风箱的各个环节要求很高。

首先选用木料就很讲究，拉杆大多用硬杂木，以柳木居多，柳木有弹性，而且性软、不裂、耐磨。箱体大多用梧桐木。拉杆多是枣木杆，杆的作用是牵动"猫耳头"。所谓"猫耳头"，即"活塞"，此处它是一块立在箱内可以来回活动的长方形夹板。为防止漏气，风箱扇的大小尺寸，几乎和风箱的内腔差不多大，四周还要用牛筋绳紧紧地箍着一圈鸡毛。软软的鸡毛既不影响风箱扇的推拉，又能起到密闭的作用。风箱共有3个活门，前后各一个，很小，像个小窗口。活门的"门儿"是用小薄木板制作的，挂在窗口上，吸风时能张开，推风时能合紧。把产生的气流压向一隅，然后通过风道送出去。

风道，方形，在箱底一侧，俗称"老鼠洞"，两端留有风口。风道出口处还有一个可以左右摆动的活门。

拉风箱虽然是个体力活，但也必须讲究技艺。有时风箱要轻

过去年画中的风箱和火炉

拉慢送，叫游火；有时要急拉狠送，叫赶火。大锅里水未开要赶火，蒸饭时圆气了就要游火。特别是刚生火时，在灶膛内点燃引柴，只需轻轻拉动风箱的把柄即可。如果风一大，很容易将火吹灭。随着柴草的点燃，要根据实际情况来控制火候。一般情况下，即便看起来拉得自由欢畅，实际上挺费力气的。

过去做风箱，将买来的树用大锯锯成板材，经过长时间的晾晒，用时再将板材放在燃烧的木屑上烘干，这样不易变形，再把木板按尺寸大小要求严缝。风箱的型号按大小可以分三种，大号的一般用于铁匠炉或者较大的作坊。

制作风箱的工序有很多，从下料、刨平、拼板、烤板、严缝都要很仔细，这样做出的风箱才能不开裂，不变形，不透风撒气，结实耐磨。

## 笊篱：汤油分离厨房见

笊篱是一种起源于中国的传统烹饪器具，用竹篾、柳条、铝丝等编成。像漏勺一样，有眼儿，烹饪时，用来捞取食物，使被捞的食品与汤、油分离。

在过去的农村，笊篱是家家户户厨房里不可或缺的物件，真正的日常生活用品。如今，在厨房广泛使用的，以铝制品或不锈钢制品居多。

### 渊 源

有人考证，原始的"笊"字，是由代表人手指意义的"爪"字引申而来，意思是用手指从水里捞取粮食、蔬菜等物品。后来人们在长期的实践中，才发明了笊篱这种厨房用具。因为制作笊篱的原材料是竹子或柳条，按照汉语言文字的特点，将其命名为"笊篱"。

北魏时期贾思勰的《齐民要术》中有记载："捡取均者，蒸熟，曝干。须即汤煮，笊篱漉出，别作臛浇。"说明在那个时期，笊篱已经开始应用了。唐代著名小说家段成式在他的著名志

**过去的竹编笊篱**

怪小说《酉阳杂俎》中有一篇《忠志》，涉及安史之乱的内容，写道："安禄山恩宠莫比，锡赉无数，其所锡品目，有桑落酒、……银笊篱。"说明早在唐初，笊篱已经广泛使用，在皇室、贵族家庭都有了金银材料的笊篱，皇帝用银笊篱赏赐安禄山，足见笊篱在当时算是名贵之物。明初科学家宋应星的《天工开物》中，有一段关于白糖制作的描述，煮糖时要用到笊篱，文中写道："浮沤黑潭尽在水面，以笊篱捞去，其糖清白之甚。"意思是说，煮糖过程中，水里会漂浮起许多脏东西，要用笊篱把它们捞出去。现在我们在用水煮东西时，依然少不了这个环节。书中还对笊篱作了注释："笊篱，一种凿孔或编成蜘蛛网形的勺子，用以取汤里的实物。"说明到了明朝，制作笊篱的材料，不仅限于柳条，应该已经有金属的了。

20世纪，笊篱在人们的日常生活中应用广泛。过去，用石臼舂米，用碾子推米，均需把高粱、玉米等带皮的粮食用水浸泡，用笊篱捞出沥去水分，再加工去皮。豆类磨浆，需要用笊篱捞出浮皮；做米饭一般是把米煮至七八成熟，用笊篱捞出放在平屉上蒸；煮饺子、炸丸子等也是用笊篱捞出。

笊篱不仅是厨房用具，还是幌子之一。北方的客店，门口挂灯笼是只管住宿不管饭食，挂笊篱是管住又管吃，即免费供应早餐、晚餐。李健吾在《雨中登泰山》一文中有记述："一排留宿的小店，没有名号，只有标记，有的门口挂着一只笊篱，有的门口放着一对笊篱。……"

编制笊篱的材料多是植物的枝条，南方以竹篾、藤条为主，北方以柳条为主。冀东一带，用柳条编的笊篱一直沿用到20世纪50年代初。过去，农家、渔家、饭馆使用柳条笊篱。柳条笊篱的优点是造价低廉、不蚀不锈，缺

点是不便刷洗，易藏污纳垢。沾水时间长了容易发霉腐烂，使用时间长了，外观脏兮兮的很难看。随着人们生活水平的提高，柳条笊篱逐渐被铜丝、铝丝、不锈钢丝笊篱代替。

## 流　程

编柳条笊篱所用原料是垂柳的细枝条。编笊篱要做的第一件事就是打柳条，打柳条必须在伏天打，立秋以后，柳条的皮就不"利"了，脱不了皮的柳条就不能编笊篱了。夏天，从柳树上把当年生的那种细长细长的柳条折下一大捆，坐在柳荫下细心地把皮脱掉。脱皮时先用手把根部的皮撕起来一小截，缠在柳条上，然后用牙咬住柳条根部，用手紧紧地捏住缠在柳条上的皮往下一捋，柳条的皮就利利落落地脱下来了。从柳树上折下来的柳条，必须马上脱皮，不能晾晒，一旦晾得落了水分，就捋不动了。

编时用水洇透泡软，以湿麻片包裹，减少水分蒸发，防止条子变干变脆。编制工具主要有手镰、木槌、钳子、改锥、粘绳等。手镰用于切削柳条。木槌用于砸柳条，使其变柔软，以便拧劲。钳子、改锥用于插抽手不便操作的柳条。粘绳，与刨笤帚用的相同，用于束实笊篱把，以便用经条捆扎。

以与笊篱把同向的条子为经，横向条子为纬，按预计笊篱的大小决定选用柳条的粗细、经的根数和纬的组数。经必须是偶数，纬（组数和每组的根数）可奇可偶。

## 纸缸：结实耐用不发霉

纸缸是过去农村一种装东西的物件。在那个物资匮乏的年代，很多家庭的家具不多，装东西的坛坛罐罐也不多，自己动手打个纸缸，能解决盛面粉、农作物籽粒等问题。再后来，打出了水泥缸，装粮食比纸缸的效果好多了，理所当然地取代了纸缸。现在条件好了，谁家也不缺盛面粉、农作物籽粒的袋子或者容器，纸缸就成了历史。

## 渊　源

无法考证其起始年月，但20世纪六七十年代物资极度匮乏时期，糊纸缸这种技艺却十分盛行，纸缸一度成为很多农村家庭用来盛装面粉、农作物籽粒和熟食的工具，派生出来的纸笸箩则用来装水果、糖豆和炒货，针线、纽扣和小刀剪，纸盒用来存放胭脂、口红及各种细小的物件，既经济易得，又灵便耐用。

过去的纸缸

过去，倒在纸缸里的面，防潮、防鼠、不易生虫，特别卫生。如果纸缸的外面破旧了，人们会用收集的烟标或者报纸等贴到纸缸上，使纸缸焕然一新。

如今，人们的生活发生了翻天覆地的变化，也没有人做纸缸了。纸缸这个词语，对现在的年轻人而言也是陌生的。

## 流　程

20世纪五六十年代，很多人生活很是困难，买不起坛坛罐罐，就想到用代替品的办法，纸缸就是其中一种。

制作纸缸绝对是一门手艺活，因制作时要用力把纸浆拍打到模具上，所以又称作"打纸缸"，通常在多风少雨、空气干燥的春天进行。"打纸缸"大致包括泡浆、制坯、晾晒、补料、装裱等几道工序。

首先是泡浆。那时，纸在乡下还是比较稀缺的。做纸缸的第一道工序是把积攒的纸浸泡透了，闷起来发酵。发酵好了，把杂质淘洗干净，把淘洗干净的纸浆攒成团，晒干。因为做一只纸缸要用很多纸浆，要这样积攒很多次才能够用。

其次是制坯。把预备好的模具，也就是水缸、脸盆、坛子等物件，倒扣过来，然后把晒干的纸浆泡开，用手把纸浆均匀地糊到这些物件的表面并用力拍打，以求其更加密实。需要注意的是，根据纸缸体量的大小决定糊浆的厚度，体量大的相对要厚一些，而且厚度一定得均匀。一只纸缸必须连续作业、一气呵成。

最后是晾晒。糊好后，在大太阳底下暴晒一两天，纸浆半干，纸缸的雏形显现出来时撤出模具，并视情况用预留的纸浆找补一下薄弱、缺损部位，用刀修理一下不规整处，再在纸缸内外贴上纸，使内外壁光滑，继续晾晒，晾干后就可以用了。如果天气持续晴好，只需三四天光景，就能完全干透。

缸盖做起来就简单了。比照缸口大小，用旧的苇席剪个圆，再剪个和圆的周长相等的长条，缝合在一起。贴一层布，再贴一层纸，这个纸缸就彻底完工了。不管什么季节，用纸缸装米或面都不会返潮结块。

## 煤油灯：细腰大肚蛤蟆嘴

煤油灯为电灯普及之前的主要照明工具，以煤油作为燃料。多为玻璃材质，外形如细腰大肚的葫芦，上面是个形如张嘴蛤蟆的灯头，灯头一侧有个可把灯芯调进调出的旋钮，以控制灯的亮度。大概三四十年前，在中国很多地方都使用煤油灯，随着电灯的普及，煤油灯逐渐退出历史舞台。

## 渊 源

20世纪六七十年代，农村家庭大都使用煤油灯照明。

煤油灯是在清末被引入中国的。有些外国的石油公司，把煤油灯作为销售自己石油产品的敲门砖，推向中国的老百姓。他们给中国人提供免费的煤油灯具，甚至免费供应一部分燃油让人们试用，这就为煤油灯的普及打下了基础。

在中华人民共和国成立初期以及六七十年代，没有通电的农村地区普遍使用的还是煤油灯，计划经济时期，煤油要按票到供销社购买。那时候，各家各户都很穷。为了省钱，经常几个房间只点一盏煤油灯，孩子写作业，男主人干活，女主人缝补，都是在煤油灯下。

煤油灯的灯芯烧久了，上面会结成炭块，灯光也会渐渐变暗，人们就会用针尖轻轻拨一下，灯就恢复了亮度。为了使灯芯燃烧时产生的油烟降到最少，同时也最省灯油，很多人家都把灯芯燃烧的部分调到最短。

进入20世纪90年代，供电量增加，农村供电时间变长，家家户户一到晚上都开启电灯照明。煤油灯的用处除了突然停电时应急一下，其他时间都被人们搁置起来了。如今，从白炽灯到日光灯再到节能灯，灯的种类越来越多，煤油灯也早已远离我们的生活。

过去的煤油灯

民国时期的煤油灯

## 流 程

煤油灯使用棉绳灯芯，其灯头通常以铜制成，而灯座和挡风用的灯筒则用玻璃制成。灯头四周有多个爪子，旁边有一个可控制棉绳上升或下降的小齿轮。棉绳的下方伸到灯座内，灯头有螺丝绞与灯座相配合，故可把灯头扭紧在灯座上。而灯座内注满煤油，棉绳便把煤油吸到绳头上，这种现象叫"毛细现象"。只要用火柴点着绳头，并罩上灯筒，便完成了点灯的动作。

# 水烟袋：旱烟当作水烟吸

水烟，中国西南地区称"黄烟""刀烟"，是一种来自中东地区的烟草制品，用水或其他液体过滤后使用水烟袋吸食。水烟在明朝时传入中国，后生成兰州水烟、陕西水烟等品种，但由于市场萎缩，现在已经不多见。清代中后期，水烟在中国是仅次于旱烟的吸烟方式，因此水烟壶在晚清及民国初年较为多见。随着社会的变迁，生活节奏的加快，大部分吸烟者都丢开了水烟袋，改为吸纸烟了。

## 渊 源

据西方权威学者考证，水烟始于印度，后传入波斯，最终经阿拉伯才将水烟发扬光大。阿拉伯水烟壶有别于中国的传统水烟，它最初是通过椰子壳、空竹管吸食的。后在波斯开始流行，在中东特别是在奥斯曼帝国时期的土耳其和伊朗，随后逐渐风靡到阿拉伯。

我国吸水烟之俗源于古代的波斯，传入我国的确切年代，已无从查考，不过，烟草的出现，是在明朝末年。明末名医张介宾在《景岳全书》中记载："烟草自古未闻，近自我万历时出于闽、广之间，日后吴、楚地土皆种植之。"从《景岳全书》中得见，烟草种植非中国特产，而是引种于西方，始于明代万历年间。清代开始，华北各地普遍种植烟草，吸烟的习俗遍及全国各地。此后，各种烟制品和吸食方法逐渐传播开来，旱烟、水烟、鼻烟成为主要的品类。

水烟传入中国，一般认为是在清代乾隆年间，如黄钧宰在《金壶七墨》中说："乾隆中，兰州别产烟种，范铜为管，贮水而吸之，谓之水烟。"到了道光年间，就已经"吃水烟者遍天下"了。

嘉庆年间，王沂所著的《青烟录》中记载："水烟者，起于甘肃之兰州。兰州五泉山下产烟草，既制，必隔水吸之，入水而后吐，醉人尤易。其器曰壶，其烟必瓷锡器盛者，盖湿食也。初时人畏其力猛，食者绝少，渐自秦而晋、而豫、而齐鲁燕宋，大江以南，今遍天下，无不至矣。"《瓣香录》中也有记载："用水烟袋吸之，烟从水过。其状有鹤形、象形、葫芦形等。"从文中看出，在清代吸食水烟袋已相当流行，器形亦不断丰富，水烟袋遍及城乡，几乎每家每户都有几只水烟袋，除了自己使用，亲友临门，吸食水烟也就成了招待客人的一种方式。有些商号店铺，也习惯摆下几只水烟袋，让顾客先抽几袋水烟，然后再谈论生意。

清代中后期，水烟是仅次于旱烟的吸烟方式，因此水烟壶在晚清及民国初年较为常见。当时，不仅民间有吸水烟的习俗，就是清王朝的帝王以及王公大臣们也喜欢吸水烟。慈禧太后也喜欢吸水烟，故宫博物院内还藏有她用过的水烟袋遗物。据清内务府档案册记载，在慈禧的随葬品中有铜水烟袋、银水烟袋和银潮水烟袋。

由于吸水烟成为风尚，制作水烟袋的作坊以及能工巧匠层出不穷。明清时期的方以智在《物理小识》中记载："今世公卿士大

过去的水烟袋

夫，下逮舆隶妇女，无不嗜烟草者。乾隆以前，尚系用木管、竹管，镶以铜烟锅吸之，名曰旱烟。后则甘肃兰州产水烟，以铜管贮水其中，隔水呼吸，或仍以旱烟作水烟吸。而水烟之名，又有青条、黄条、五泉、绵烟诸目。旱烟袋大小不等，以京师西天成家为最。"

随着卷烟工业的发展，水烟已被纸烟取代，水烟袋渐渐退出历史的舞台。

水烟可以通过水烟袋的水烟筒吸食。水烟袋和水烟筒都是通过袋和筒里的清水，用嘴吸，使里面产生负压，而使烟气通过水吸入口中，吸时发出"咕咕"的声音。吸水烟筒在云南地区至今还可看到，而水烟袋则比较少见了。

## 流　程

水烟袋，又称水烟壶、水烟管，是民众吸烟的常用工具。长约70厘米，直径7厘米，竹筒中部插一小铜管或小竹管，是点烟丝的地方，竹筒内装着水，上部开口处用于吸烟。

水烟筒由烟斗、烟仓、烟托、插管、烟钎、镊子、链条组成。烟斗由烟嘴、储水筒、活动烟斗三部分连成一体。

一把精致的烟袋插管，造型是很讲究的，插管上部有的做成香炉形，有的做成葫芦形，也有球形、喇叭形、腰鼓形，等等。

烟钎、镊子的种类很多，有银的、白铜的，有的涂上珐琅彩，还有银针顶上饰翠料的，有的镊子上还镶嵌吉祥花纹作装饰。

水烟筒的链条式样也很别致，有银链条、白铜福禄寿禧吉祥链、梅花链、回纹链、铜条刻花链，等等。

水烟筒的烟托起到固定烟斗、连接烟仓和安装插管、链条等作用，有扁圆形、方形、八角形、双柱形等各种不同形状。烟托表现题材丰富多彩，有富贵延年、大吉大利、马上封侯、平平安安、嫦娥奔月、百年和合、武松打虎、待月西厢、鹿回头、喜鹊闹梅、牡丹富贵、松鹤长寿，等等。

在过去，水烟袋多以白铜制作，亦有用青铜、黄铜或锡制作的。富家用水烟袋较为讲究，在烟嘴部分有用翡翠、玛瑙的，连接部分则用金、银镶嵌。在农家，水烟袋有以竹制者，往往也别具风格。

吸水烟所用的烟丝，与旱烟不同。它是将晾晒过的烟叶用开水湿润之后，抽去筋脉，再喷上开水（使含水量在30%左右），加入麻油（或其他食用植物油）、食盐、香料等配料。待烟叶将配料吸附之后，再放入特制的木箱中，压紧成砖头大小的烟捆，然后用专门的烟刨刨成细烟丝，晾干之后便成为水烟烟料。

清代的白铜水烟袋

吸水烟袋时有颇多讲究，也造就了许多绝活。

1. 吹纸媒

早年间没有火柴与打火机，取火依靠火石或者火镰，想要取火非常困难。而水烟袋的烟碗小，吸食快，吸完一窝需重新装烟与打火。因而，为了点火的方便，纸媒应运而生。纸媒，就是搓成细长条的粗纤维火纸。准备吸水烟袋时，便点燃纸媒，让它像焚香般地缓慢燃烧，待到需要点火或重新点火的时刻，将纸媒送到嘴边，短促地一吹，燃着的木炭般细微的红光立即变成一团明火，便可用于点燃烟丝。然而这一吹并不容易！如果纸媒搓得太松，待不到点火，就已燃尽；如果纸媒搓得太紧，火种就容易熄灭，也不容易吹着。

2. 清理灰炭

一窝烟丝抽完，只剩下一团暗红的灰炭，如何将灰炭从烟碗中吹出来，是考验技巧的。刚接触水烟的人总是将整个烟管抽出来，把浸泡在烟仓水里的一端放至嘴边，用力向外吹，灰炭虽然吹了出来，唇上却留下一圈烟仓水的印迹。而经验丰富的水烟行家只需将烟管稍稍提起，使烟管的底端离开烟仓水面，再轻轻一吹，带着淡淡烟雾的气流经过烟仓水面由下往上从烟管吹出，将灰炭带出烟碗。

3. 添加水斗

仓水太多，容易吸入口中；仓水太少，没不到烟管，烟在水面上直接进入吸管，达不到去火除杂的作用。讲究地说是轻轻含一小口茶水，从吸管徐徐吐入盛水斗，再试着吸气，盛水斗轻松发出"咕噜噜""咕噜噜"的声响即可。如果不小心就将苦涩的仓水吸入口中，就可以使用相对黏稠的米汤来做烟仓水。

# 梳篦：制作考究保容光

梳篦是一种古老的中国传统手工艺品。齿稀的称"梳"，齿密的称"篦"，梳理头发用梳，清除发垢用篦。梳篦用骨、木、竹、角、象牙等制成，是古时人手必备之物，尤其妇女，几乎梳不离身，便形成插梳风气。常州梳篦是历史悠久的传统手工艺品，有"宫梳名篦"之称，2008年被列入国家级非物质文化遗产。

## 渊 源

我国古代使用梳子的历史，其实可以追溯到距今五六千年的新石器时代。1959年在山东泰安大汶口一座新石器时代晚期墓中出土了两件象牙梳。

我国古代制作梳子的原料有多种，如象牙、骨、石、玉、铜、竹、木等，以木质的为最多；而象牙梳子使用的时间最长，从新石器时代直至明清时期的各个历史阶段，都有用象牙制作梳子的。商代晚期和西周时期，出现了铜梳子，在陕西宝鸡竹园沟西周墓曾出土两件铜梳。用木头制作梳子大约是战国早期之事。竹、木梳的出现意味着古代制梳用料的重大转变，使大量制作梳子成为可能。1978年在湖北云梦睡虎地西汉初期47号墓中出土了一把木梳，现藏于湖北省博物馆。

**明代的金梳**

　　栉是古代梳发工具的总称，它包括梳子和篦子。汉代许慎《说文解字》有云："栉，梳篦之总名也。"《说文·木部》："梳，所以理发也"，"栉，梳比之总名也"。古人兴蓄长发，梳篦为每日梳理头发的必备之物。梳子齿距疏松一些，用于头发的梳理；篦子的齿距密，用来去发间的污垢，保持头发清洁，不长寄生虫，使人焕发容光。梳篦还可以刺激头皮神经，促进新陈代谢，延年益寿，并能插于发间作首饰。

　　在篦单独出现以前，曾存在过合体梳篦。梳篦分离以后，器形统一呈马蹄形。梳篦的这些变化，大约都发生在东周时期。从已出土和一些民间传世的梳篦看，汉、唐、宋各代各有不同。汉代的较长，呈马蹄形，纹饰一般以云气纹为主，间有入羽鸟兽等；唐代的呈马蹄形，下部略宽；宋代的为月牙形。古代的梳篦多为木制或竹制以及名贵物料制作，如金、银、象牙、犀角、水晶、玳瑁、锡、嵌玉镶珠等材质。

　　江苏常州梳篦在南北朝时就声名大振。早在南北朝以前，常州就有了雕花木梳；盛唐时，当地梳篦花色繁多，不胜枚举，大的竟有60多厘米长。北宋以来，质地日趋贵重，金银栉具相当流行。元代，常州梳篦从运河经长江出海，随着"水上丝绸之路"传到海外。

　　明清时代，文献中关于常州梳篦的记载渐多。明代关于常州"西郊八景"之一"文亨穿月，篦梁灯火"的记载，把左运河畔篦箕巷的夜景描绘得栩栩如生。

　　到清代乾隆时期，常州城中已是削竹成篦、比户皆为的景象。清时，苏州织造府每年旧历七月，总要到常州定制一批高级梳篦进贡皇宫。李莲英为西太后梳头用的常州产象牙梳至今留存在北京故宫。

辛亥革命后，梳篦的需求量因人们剪辫而激增。当时还流行着一种"刘海篦箕"的小型篦子，许多人身上挂个小口袋，袋里装一把刘海篦箕，引为时髦。后来，常州的梳篦逐渐传入海内外，1915年在巴拿马国际博览会上获得银质奖，1926年在美国费城国际博览会上获得金质奖。

## 流　程

梳篦制作是精湛的民族技艺，用料精良，制作过程颇为讲究。

以常州梳篦为例，制作木梳要经过伐料、雕刻、彩绘、涂漆、磨光等20多道工序。而篦箕更复杂，要经过72道工序。

### 1. 原料

梳篦所用的原料，有竹木料、生漆、桐油、棉纱、牛骨等。其中竹木料多用红木、枣木、石楠、黄杨和江浙一带优质毛竹为原料。精细加工后，施以雕、描、烫、刻等工艺装饰，显得十分精美。

### 2. 种类

常州梳篦品种有反映历史人物、神话故事、动物花卉等题材的四大美人梳、张生红娘梳、福禄寿星梳、麻姑献寿梳、如意锁片梳以及龙凤梳、飞蝶梳、鹦鹉梳、熊猫梳等。

除了常州梳篦比较出名，还有以下梳篦的制作技艺也十分有名：

### 1. 桂林梳篦

清代时，桂林梳篦曾被选入宫廷使用，被誉为"宫梳""名篦"。现在的桂林梳篦，有竹篦、骨篦、牛角梳、黄杨木梳等，都是采用优质原料，以传统技术为主制作的。

桂林竹篦采用当地特产的楠竹为主要原料，精制而成。它具有篦齿柔韧、坚固耐用、美观大方的特

漆木嵌螺钿老梳子

点，现产的808名篦、608花齿、708翻花山水篦等，畅销国内外，历来享有"名篦"之誉。

### 2. 福州角梳

1976年初，在福州市北郊新店一带挖掘的南宋贵族王升墓中，发现黑水牛角制成的黑色半圆形角梳6把，可见福州的角梳业至少有700多年的历史了。

福州的制梳业讲究技术和质量，选料只选质地坚实、不易弯裂、不伤皮肤的"南牛"（南方水牛、黄牛）和"北羊"（新疆、内蒙古绵羊）的角，选蹄只取水牛蹄。经过锯、开、劈、凿、流、打坯等工序制出初坯，再经过改、办、复、剔、磨、梳等工序制出梳子，然后在角梳上印上文字，描上人物、山水、飞禽、走兽，贴上金银箔后方能成为成品。由于选料考究，工艺精细，福州的角梳多次在国际上获奖，远销东南亚和欧美地区。福州的角梳造型美观，结实耐用，温润而不挂发，去垢而不沾，解痒而不痛，深受海内外宾客的喜爱。

# 汤婆子：形同南瓜暖被窝

"汤婆子"是江南一带百姓人家冬天里最为常见的取暖用品，它实际上是一种扁扁的汤壶，多为铜锡制成，装满滚烫的热水，可以暖手，尤其晚上可以放进被窝里暖脚。汤婆子之名由来已久。汤，古代汉语中指滚水；婆子则戏指其陪伴人睡眠的功用。

## 渊　源

最早使用汤婆子要追溯到宋代，又称"锡夫人""汤媪""脚婆"。《清稗类钞》记述："铜锡之扁瓶盛沸水，置衾中以暖脚，宋已有之。"宋代诗人黄庭坚就曾留下"千金买脚婆，夜夜睡天明"的名句。同样是宋代，还有一首有意思的诗名字就叫《汤婆子》：

蟠然一器微，有用在冬时。永夜寒如许，孤衾暖不知。

少年皆见弃，老者最相宜。却恨无情处，春来便别离。

可见，"汤婆子"这个称呼，也是由来已久了。

元代佚名《东南纪闻》三："锡夫人者，俚谓之汤婆。鞲锡为器，贮汤其间，霜天雪夜，置之衾席，用以暖足，因目为汤婆。竹谷、罗学温文之曰：锡夫人。"

明代吴宽《汤媪传》："媪为人有器量，能容物，……性更恬淡，富贵家未尝有足迹，独喜孤寒士，有召即往，藜床纸帐，相与抵足寝，和气蔼然可掬。"此即写汤婆子的游戏性文字。

清代曹庭栋《老老恒言》卷四："有制大锡罐，热水注满，紧覆其口，彻夜纳入被中，可以代炉，俗呼汤婆子。然终有湿气透露，及于被褥，则必及于体，暂用较胜于炉。"

据记载，历史上有很多诗词赞美汤婆子。

过去，江南一带冬天里离不开汤婆子，其主要用于暖床。汤婆子的顶上开有一个小口，用时在壶内装上热水，再用毛巾或布包上（用于防止烫伤），放在被窝中靠脚的一端。

过去的汤婆子

汤婆子里的水第二天还暖着，可以倒出来作洗脸水。所以在过去的冬天，人们最喜欢用汤婆子取暖，一举两得。

中华人民共和国成立后，橡胶工业发展起来，汤婆子就被热水袋取代了。20世纪60年代之后，塑料制品普及，遂有塑料暖水袋等取代汤婆子。

现在，怀旧风气兴起，传统式样的汤婆子成为工艺品而受到人们欢迎，有的地方将汤婆子作为新娘嫁妆和新房陈列品。

## 流　程

热水袋和汤婆子同是一种取暖器具，它们最大的不同是：前者是橡胶制品，后者是由铜质、锡质、陶瓷等多种材质制成的制品。

汤婆子多为金属制，铜制为上，锡制次之，未见有铁制的，可能因为铁易锈，也会产生铁锈味，所以有钱人以用铜制的为佳。

做成一个汤婆子需要以下几道工序：先把铜材高温冲压成两块圆片，再用铆钉把它们连接起来，并用焊接技术使之紧密合在一起，大致成型后，再装壶口和手柄，随后多次抛光打磨。除了铜材冲压，余下的重要工序都靠人工制作。其中，最难的就是焊接过程。焊接时很有讲究，得一气呵成，不能有气孔。有些气孔是肉眼无法看到的，检验的时候得往汤婆子里面打一定压力的气再放到水里，等待一两分钟后就会看到水中冒出气泡。有气孔的汤婆子用上三四年就会有漏水现象。

# 鞋拔子：辅助穿鞋便于行

鞋拔子，又称"鞋拔""鞋溜子"，是民间穿鞋时所用的一种辅助工具。鞋拔子形似"牛舌"，一般是按着人的脚后跟的形状设计制造的，借助它来穿鞋，避免了双手直接接触鞋子，既方便又卫生。现在人们很少使用"鞋拔子"了，它成了民俗收藏品。

## 渊　源

关于鞋拔子的起源时间，已难查考，它伴随鞋业的发展而出现，属于

"鞋文化"范畴。

迄今从文献中所能查到的记述"鞋拔子"最为翔实的当属清代李光庭所著的《乡言解颐》，在卷四中对"鞋拔"有这样一番阐述："世之角，牛者为用多矣。而其因材制器，审曲面执，以成其巧者，莫鞋拔若也。语云：'衣不大寸，鞋不争丝'，为妇人言之也。男子之鞋只求适足，而欲其峭紧者，则用鞋拔。乡言曰：'给我小鞋儿穿，我给你个提不上。'拔者，提之使上也。"另有一首七言诗吟咏鞋拔子，诗云："但知峭紧便趋奔，不纳浑如决踵跟。适履何人甘削趾，采葵有术莫伤根。只凭一角扶摇力，已没双凫沓踏痕。直上青云休忘却，当年梯步几蹭蹬。"

清代铜制鞋拔子

旧时由于民间都穿布鞋、绣花鞋，差不多家家户户都要用到鞋拔子，鞋拔子还是姑娘出嫁不可缺少的陪嫁品。时至今日，随着鞋业的发展，已经难觅老鞋拔子的踪影，商店里能见到的也都是不锈钢和塑料制品了。

过去的铜制鞋拔子

## 流 程

鞋拔子的材质有多种，形态各异。较贵重的材质有象牙、玉、玛瑙、金、银、红木、檀木、牛角、兽骨……常见的材质有铜质、铁质、铝质及合金质等普通金属，还有普通的木头、塑料。

金银材质的鞋拔子相对较少，民间百姓使用的大多由黄铜制成，长约12至16厘米，宽约4厘米。也有微型的，长仅5厘米，可佩戴；超长加杆的则有1米多，可免除弯腰之累。

鞋拔子除常见的直板形外，还有折叠式，方便存放或携带。此外，尚有芭蕉叶形、如意形、葫芦形、鱼形等异形种类。

穿鞋时应先松开鞋带再使用鞋拔子，鞋子损坏多从后跟开始，因此，可多利用鞋拔子穿鞋。另外，穿鞋子时不要硬挤，可先把脚伸入鞋中，再用鞋拔子紧贴着脚后跟竖直插入鞋中，然后脚后跟用力蹬入后，将鞋拔子抽出。

# 斗笠：轻盈舒适防风雨

斗笠，也叫"篾笠"，主要采用竹篾编制而成，由于形如斗状，故名为"斗笠"。至今在山村水乡仍可见斗笠。过去，不管天晴下雨，人们出门都将斗笠戴在头上，篾笠成了人们生产生活中不可缺少的必需品。而今，在一些旅游景点，斗笠成为一种既实用又美观的工艺品，还可作为舞台道具及家庭、饭店的挂件饰品，很受欢迎。

## 渊　源

斗笠的历史悠久，其发展经历了汉代的雏形期，明代的成熟期，清代的鼎盛期，民国的兴盛期及中华人民共和国成立以来的繁荣期、衰败期。

最早，《诗经》有"何蓑何笠"的句子，说明斗笠很早就为人所用。《说文》中提到一个"簦"字，意为竹篾编的有盖有柄的遮阳挡雨的器具，而有盖无柄的则称之为笠，又叫"笠帽"。因其平面如斗大小，俗语称之为"斗笠"。

斗笠，还有个名字叫"箬笠"。《说文》中曾记载："楚谓竹皮曰箬"，即以竹皮编织的斗笠。唐代张志和《渔父》诗中就有："青箬笠，绿蓑衣，斜风细雨不须归。"有的斗笠，以葵叶铺陈笠盖，因而称之为"葵笠"。有的则以笋壳夹于竹篾中，唐代高适《渔父歌》中说："笋皮笠子荷叶衣，心无所营守钓矶。"

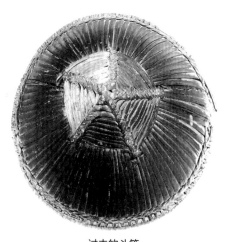

**过去的斗笠**

过去，南方各地都有编织斗笠的，其中以中方斗笠最出名。中方斗笠是湖南省的地方传统手工艺品。清朝初年，芭蕉村农户龙金田首制斗笠。乾隆年间，斗笠的制作技艺精细，盛行一时，畅销各地。时任太常寺博士的中方荆坪村人潘仕权执掌宫廷礼仪，他回乡省亲返京，将中方斗笠献给乾隆皇帝，得到了乾隆皇帝的极高赞赏。从此中方斗笠成为朝廷贡品，声名鹊起。

中华人民共和国成立后，中方斗笠历久弥新，十分走俏。近年来，外贸部门把中方斗笠推向国际市场，使这一民间工艺品漂洋过海，受到新加坡、日本、美国和芬兰等国客商的青睐。

在20世纪70年代末，中方斗笠参加广州商品交易会，与日本、荷兰成交，之后又出口德国、西班牙、澳大利亚等国家。在国内，中方斗笠深受广东、四川、贵州、湖北、江西、香港等地人们的青睐。

随着时代的发展，轻便的雨衣雨具不断出现并推陈出新，斗笠与我们的生活渐行渐远。

## 流　程

斗笠用竹篾、箭竹叶为原料编织而成，有尖顶和圆顶两种形制。讲究的以竹青细篾加藤片扎顶滚边，竹叶夹一层油纸或者荷叶，笠面再涂上桐油。有些地方的斗笠，由上下两层竹编菱形网眼组成，中间夹以竹叶、油纸。

斗笠的编制工序比较简单，先将竹子劈削成篾片，然后拿到锅里用水蒸煮，再将蒸煮过的篾片拿来编制成斗笠。斗笠编制好以后，还要用桐油漆润两三遍。之所以要将竹篾拿去蒸煮，是因为蒸煮过的竹篾能防止虫子蛀蚀；用桐油漆润，一是为了增加笠面的光滑度，使之容易过水，二是用桐油漆润过之后，斗笠比较耐用，也比较美观。

斗笠的具体制作流程为：

### 1. 选料

做斗笠的竹子一般应选用山上自生的白竹，这种竹子自生嫩滑，生篾率高，编织出来的斗笠模子耐用，在白竹缺少的地区也可用大竹、苦竹等竹种代替。

### 2. 剖篾

把砍回来的竹子锯成约1.2米长的小竹棍，然后用篾刀将其剖成一条条篾丝（越细越好）。

### 3. 编模

用剖好的篾丝按照自己设计好的模型先编出一个底模，这个底模的篾丝比一般斗笠的篾丝要粗、要硬，不易磨损。这个模型一出来，其他人便可以在这个模型上照编。

### 4. 打云刀

打云刀是用剖好的篾丝一根一根重新用篾刀重刨一遍，使篾丝柔软发亮，光泽照人。这是一道十分细致的工序，但凡出卖的斗笠不会有这道工序。凡年轻女子送给未婚夫或恋人的斗笠一般才会有这道工序。

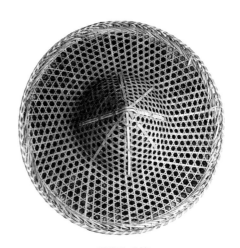

现代的斗笠

### 5. 贴油纸

模子编好后就是贴油纸。油纸是用白色的有光纸刷上熬好的桐油，为让戴斗笠者出门吉利，熬桐油时在桐油中必须渗入适量的珠红粉，在桐油中搅匀后刷在白纸上。白纸刷上渗入珠红后变成红色，这种油纸可抵御风雨的侵蚀，延长夹层中竹叶的寿命。这种桐油刷后的纸要晒干后按照斗笠的大小剪成斗笠的形状，然后摊在模子的最里层。

### 6. 夹竹叶

在编织好两个斗笠模子后，便在一个斗笠模子上摆上均匀的竹叶，然后将另一个模子压在贴好竹叶的模子上，使其合二为一。

### 7. 缠边

斗笠合二为一后，则用楠竹剖好的竹片把斗笠四周缠紧，这样斗笠做出来才结实。

### 8. 打顶

为了使斗笠更美观，斗笠手还必须在斗笠顶尖编织一个小小的十分精致的四方形小顶。这不仅固定了斗笠顶端的位置，使之不易变动，而且还十分美观。

## 蓑衣：遮风避雨当衣穿

蓑衣，最早是用蓑草编织成的一种用以遮雨的雨具，后来人们用棕片缝成，棕片不透水也不透风，可当衣穿。蓑衣一般制成上衣与下裙两部分，穿在身上与头上的斗笠配合使用，用以遮雨。在日本、韩国、越南等国家以及我国江南地区广泛使用。

### 渊 源

蓑衣的起源至今尚无定论，迄今为止最早发现有文献记载的"蓑衣"在两千多年前的周代。《诗经·小雅·无羊》中有云："尔牧来思？何蓑何笠。"牧童黄昏放牧归来时，戴着斗笠，披着蓑衣，记载了周代农人身穿蓑衣的情景。从历史记载来看，早在周代，人们已使用草编雨衣，那时就称作"蓑衣"。蓑衣是由蓑草编织而成，为了方便人们穿着蓑衣便于劳动。蓑衣一般都制成上衣和下裙两个部分，是劳动者在下雨时穿在身上遮风避雨的良好雨具。

唐宋时期诗人也在他们的诗句中提及蓑衣，如唐代张志和《渔歌子》诗句："青箬笠，绿蓑衣，斜风细雨不须归。"唐代柳宗元的《江雪》中："孤舟蓑笠翁，独钓寒江雪。"宋代苏轼的《渔父》中："自庇一身青箬笠，相随到处绿蓑衣。"这些诗句中的青箬笠、绿蓑衣、蓑笠都是防雨用具。

过去，蓑衣是农家必备之物。夏秋两季农活最忙，雨水也最多。为不违误农时，庄稼人常常披着蓑衣在农田里冒雨劳作。一些穷人家，秋寒腊月，大人、小孩都会穿一件老人编织的蓑衣，不仅可以挡风遮雨，还可以御寒保暖。

20世纪六七十年代，编织蓑衣的蓑衣匠日子过得还不错，那时候，每户农家都要用蓑衣，而且家里有几个正劳力，就要几件蓑衣。现在种田的人越来越少，时代发展，机械化、科学化种田效率高，雨天少有赶工，加上雨衣价廉轻便，蓑衣逐渐成了"古董"。

**过去的蓑衣**

随着时代的变迁，社会的进步，20世纪60年代以后，蓑衣逐渐被塑胶、塑料雨衣所替代。在人们的日常生活中很少见到蓑衣了。

## 流　程

蓑衣主要有两类，一类是用棕榈皮编织而成的蓑衣，这是比较简单的蓑衣，比较薄，遮雨效果也比较差。另一类就是用蓑草编织的蓑衣，这类蓑衣比较厚，还带有衣袖，不仅遮雨效果好，而且还能保暖。

## 1. 棕榈蓑衣

棕榈蓑衣通体以棕片制成，无袖，重三四斤。有上下分摆式和整件连接式两种款式。

蓑衣的制作工艺复杂，编一件蓑衣需要十多道工序，费时3天工夫。首先，把从棕树上割下的棕皮用铁刷刷洗，使棕毛平顺、干净。清理好附着的碎物和杂质后，做防腐处理、晒干。然后，把棕皮剪裁成一片片棕片，当然，还要从棕皮中抽出一根根棕丝，捻成一条条棕线。

编蓑衣从领口开始，将棕片一片挨一片排列好，然后用棕线一针一线缝合连成片，自上而下制成斗篷的形状。下摆的棕毛要自然垂悬，领口与衣襟用薄嫩的棕皮包边细缝。最后，缀上系带和扣子，一件可遮风避雨、里面光洁外面平整、结实美观的蓑衣就制作完成了。

## 2. 蓑草蓑衣

蓑衣草，又叫"龙须草"，生长在沟渠、池塘和河沿的潮湿地带。伏天割来摊在平地上晾晒，多半干时即可编织。如果是晒干的蓑衣草，用时要喷些淡盐水闷一下，使其柔软后再编。秋天割蓑衣草易折，不能用。此外，编蓑衣还需备一条2米左右的细麻绳。

编织者把预先备好的细绳对折成双股，细绳悬空两端暂时固定，假设对折处在左。距对折处大约10厘米的地方起头，取蓑衣草一绺（每绺4根到5根），根朝上尖朝下在细绳和编织者中间与细绳垂直交叉，然后将草绺上半截折向外边夹住细绳，将草绺的下半截从下面绕过细绳，压住折向外的上半截草绺，回折夹在草绺右侧两股细绳中间。再取一绺草，于上绺草右侧挨紧，用同样的方法对折、绕压，夹在两股细绳中间。两股细绳里外的位置不能调换。这样连续编到46绺左右约计有46厘米的宽度。最后一绺草的编法与前边的编法稍有不同，对折、绕压后，把草绺下半截夹入绕压部分左侧两条细绳中间。这样，最后编上的草绺就不散。至此，这条双股细绳上形成里外两层草绺，根部为外层，尖部为里层，外层草绺有一排交叉的花纹。绳上编织46绺草，形成蓑衣的领口。

起好头后，把草绺间隙调整均匀并适度挨近，开始续编。领口可以继续悬挂，也可以摘下放平两端固定，方便编织即可。

编好的蓑衣，里边是一层层排列有序的菱形网眼儿，外面则是从上到下层层叠压的顺向草。网眼儿朝里，草层朝外披在身上，绳线系于脖颈，既保暖又防雨。这种蓑是农民和渔民过去理想的雨具。

# 油纸伞：遮阳纳凉挡风雨

油纸伞是中国传统工艺品之一，江南古典油纸伞制作工艺也是油纸伞中的代表。过去，中国传统婚礼上，新娘出嫁下轿时，媒婆会用红色油纸伞遮着新娘以避邪。现在，日常所用的伞多是洋伞，油纸伞多作为艺术品和游客纪念品售卖。

## 渊　源

雨伞在我国的历史悠久，源远流长，早在《孔子家语》中就曾说："孔子之郯，遭程子于途，倾盖而语。"这里所说的"盖"，就指的"伞"。《史记·五帝纪》中，也记有与伞同类的雨具。据说伞最早被人们称为"华盖"，直到唐人李延寿写《南史》《北史》时，才正式为其定名为"伞"，已有四五千年之久。

伞，传说最早是由我国的木匠祖师鲁班的妻子云氏发明的。《伞物纪原》中说："六韬曰：天雨不张盖幔，周初事也。通俗文曰：张帛避雨，为之幰，盖即雨伞之用，三代已有也。"可见古代伞皆为丝制，由于丝帛造价较高，只有豪门贵族才有条件使用，寻常百姓很少使用。

纸伞是汉代以后出现的，自蔡伦发明造纸术后，廉价的纸张大面积普

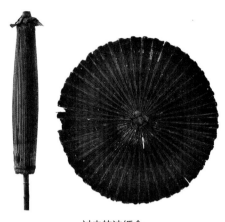

过去的油纸伞

及，纸伞便应运而生，造伞作坊便开始用纸张代替丝帛，发明了纸伞。纸张虽质地轻妙，造价低廉，但长时间日晒便会变色，经雨淋湿极易破损，为了提高纸伞的抗日晒抗雨淋能力，延长使用寿命，经过反复研究，才创造一种较为科学的方法，造伞艺人在制作纸伞时，把纸质伞盖用桐油反复摩擦，让桐油均匀浸透在纸里，使之更具抗水功能，人们称其为油纸伞。又经过多年的改进，各种各样的纸伞相继诞生，什么纸伞、油伞、蝙式伞，应有尽有，绚丽多彩，争奇斗艳。

到了唐朝，日本经常派遣唐使来我国学习，伞便传入日本。宋时，油纸伞称绿油纸伞。以后历代均有改进，有纸伞、油伞、蝙式伞，最后形成今天的大众用品。

过去，客家方言中，油纸与"有子"谐音，故客家女性婚嫁时，女方通常会以两把纸伞为嫁妆，含早生贵子的意思；男子16岁成年礼时，父母会赠予一把油纸伞，希冀支撑门户之意。道教庆典中，也常看到将油纸伞作为遮蔽物撑在神轿上，是因为人们认为油纸伞有趋吉避秽的功效。

20世纪50年代以前，雨伞还属于高档次雨具，在政府官员和白领阶层中广为流行，在广大农村和下层社会，很少看到油纸伞的踪影。60年代开始，由于社会的进步，经济的发展，使用者日渐增多，可农民家庭仍无缘问津。随着80年代初改革开放的日趋深入，国民经济高速发展，人民生活水平大幅度提高，伞的品种样式日益增多，出现了许多折叠式防雨绸伞和塑料布面料伞，曾经的油纸伞，悄然淡出人们的生活。

## 流　程

传统的油纸伞制作过程非常烦琐，全部依赖手工完成。大致来讲，分成如下几步：

### 1. 选竹

制作雨伞伞骨的坯子和衬子，必须选3年以上且生长地向阳的楠竹，以确保其柔韧性。这些楠竹要锯成50厘米长短，去掉节疤、刮青……仅坯子和衬子的制作，就有20多道工序。制作手柄、木柄和伞托，要选杉木等材料。为免使用中干燥开裂，材料会经过精心泡制，溶解掉其中的胶质。

### 2. 做骨架

加工伞骨，要经过擦竹、劈长骨、编挑、整形、劈青篾、铣槽、劈短骨、钻孔等10多道工序。一把雨伞35根根骨，每根4毫米宽。如果把一段竹劈成36根，必须"抽骨"，保持竹筒圆润，竹节平整。其中还要经过水浸、日晒等处理，然后钻孔、拼架、穿线、串联伞柄和伞头等，制成骨架。

### 3. 上伞面

上伞面要经过缝角、绷面、上架、剪绷边、穿花线、刷花、摺伞、贴青、装杆、包头、装头、装柄、打钉口等16道工序，道道工序都要全神贯注，不得马虎。收拢时，彩色伞面不外露，伞骨恰好还原成一段淡雅的圆竹，结节依旧，朴素大方。撑开时，伞面五光十色，争奇斗艳。

### 4. 绘花

于伞面绘上图案。伞面绘画也很讲究，皆由专业画师完成，主要取材于传统国画和民间题材，并要符合不同喜庆场合，比如婚聘的油纸伞，图案有"龙凤呈祥""牛郎织女""天仙配"等；恭贺孩子新生的，有"二龙抢宝""宝莲灯""喜鹊闹梅""仙女散花"等；生日馈赠则有"百鸟朝凤""不老松""八仙过海""彭祖老仙"等。

### 5. 上油

最后工序才是上油，就是在伞面刷上熟桐油。刷桐油必须注意均匀，桐

现代的油纸伞

油完全晾干后，一把油纸伞就制作完成了。

纯手工制作出来的油纸伞反复撑收3000次不损坏，清水浸泡24小时不脱骨，撑着伞在五级风中行走，伞顶亦不变形，使用3年以上不破损、不漏水。目前国内传承较好的油纸伞作坊，如秦风汉月油纸伞、若水堂油纸伞等，仍然以传统古法制造油纸伞。

# 电石灯：驱赶黑暗放光明

电石灯也叫"嘎斯灯""乙炔灯"，是利用电石与水反应生成乙炔，点燃乙炔燃烧发光。

在过去，电石灯都是自己做的。做电石灯不难，找来铁皮，敲打成圆桶的形状，焊接牢固便可。这圆桶要做就是两个，一里一外，用老百姓的话来说，叫作"一公一母"。里面的是放电石，要有底。外面的要大些，不要底。过去电灯不是很普及的年代，电石灯亮度高，顶替了电灯的部分作用。

## 渊 源

在20世纪七八十年代，很多农村城镇，电灯还没有普及的时候，有些人家喜欢用电石灯。

电石灯发明于1897年，第一个类似于现代样式的电石灯出现在1900

年，但是直到1920年才开始普及。不过，在国外，电石灯主要被使用于采矿、农场、狩猎和户外运动等领域。过去，供电不正常，常常停电，再说电灯也仅限于经济比较好的家庭，普通人家用不起，所以电石灯应运而生。

20世纪50年代，一些农村地区举行群众性的活动时，比如晚上搭台唱戏、放电影等，就会用电石灯照明。

过去的电石灯如果进水门开大了，进水过多产生大量乙炔，气体会从进水门排出，产生冒泡现象，并且臭气难闻，有时甚至着火。群众对电石灯的印象不好，一些人宁愿用煤油灯也不愿用电石灯。

后来，电灯普及，偶尔停电，也可以用蜡烛顶替，电石灯因为臭味大，有一定危险性，慢慢地就被淘汰了。

## 流　程

过去，常见的电石灯外形是个两节的铜壶，上节装水，下节装电石，中间隔断有小孔。使用时，水从小孔滴到电石上，便产生可燃气体。

电石用来点灯照明是当年为了补充电力不足。实际上电石用来点灯照明实在不宜，首先是电石有一股难闻的气味，奇臭无比。其次，使用麻烦，电石灯用几次就没气了。卸开后，里面的那块灰色的电石就变成了白色的粉末，需要倒掉，再放一块新的电石。

过去的电石灯

# ⌇⌇ 食盒：坚固韧性耐磕碰

食盒，顾名思义，就是放食品的盒子。在过去，食盒一般是一个长方体的木盒子，两层或三层，再装一个木头的把手。在乡村或城镇的小饭馆，门口常写"送菜上门"四个字，他们一般就用食盒送菜。随着时代的发展和变迁，食盒已经从今人的生活当中完全淡出，成了古玩市场上的一种藏品。

## 渊 源

食盒是古代盛装食物用的竹木结构器具，内有数层不等。这种器物早在先秦时期便已出现，那时的盒为有提梁、有盖子的青铜器，以后的历朝历代都有应用。不过，到明代时，盒才成为现在这般长方体的形状。

食盒的作用主要是运送食物。古代农人耕地，为了节省时间，即便是中午的时候，他们也不回家，因此就需要妻子儿女把饭送到田间地头，这时候，食盒便顺理成章地出现了。

魏晋时期，汉献帝建安十七年（212年），曹操想当魏国公，遭到三国第一谋士荀彧的反对，曹操很是气恼。裴注引《魏氏春秋》中记载："太祖馈彧食，发之乃空器也，于是饮药而卒。"曹操赐荀彧美食，差人送去一个鸡翅木食盒，荀彧打开食盒一看，却空无一物。荀彧明白了曹操的意思："不支持我，就别想再吃我的喝我的。"又因食盒叫"椟"，有暗示服毒自尽之嫌，于是荀彧把自己平生的成就付之一炬后，服毒自杀了。

后来食盒经过发展，逐步被雕琢出堪比艺术品般的精美造型，值得一品。

明清之前，外出携带食盒并不盛行。尤其宋朝以前，外出带饭菜多用囊袋，"酒囊饭袋"一词正是源于此。宋代文人墨客郊游用的"游山器"

大概可以算作食盒的起源。游山器，顾名思义，郊游时用来装诸般雅具的橱柜式容器。始见于北宋诗人文彦博，诗题作"因有离少之行，惠赐游山器一副，质轻而制雅，外华而中坚，匪惟便于资持，实为林下之珍玩也，辄成拙诗"。这个游山器由竹编而成，坚固、轻巧，方便携带干粮、酒水、换洗衣物，甚至是整套上好的茶具。

过去的四层透花提食盒

明朝时期，食盒也被称为"攒（cuán）盒"。由于"攒"与"全"谐音，又常写作"全盒"，喻意完完整整，十全十美。按照习俗，每家人在新春期间都会准备一个攒盒，有人拜年到访时做款客之用。

后来文人雅士出游的食盒里，除了吃的，还会装上笔墨纸砚、书籍手稿。有时候，甚至会装上梳子、铜镜。此时，食盒大概相当于男人的 "梳妆盒"，是明清文人雅士书房的必备品。

到了清末民初，食盒的功能又有了进一步的扩展。京城里的未婚男女，男方择送日用衣食等物品给女方，也都是使用食盒来装送。作为传情达意的媒介，食盒也因此具有了浓浓的爱意。

在过去，食盒大概分为两种，一是捧盒，二是提盒。

捧盒是清朝鼎盛时期盛行的一种实用器制，样式很多，在宫廷和民间都很盛行。它具有一定的礼仪性。皇帝过生日，臣子送礼必须放捧盒里呈送，一来正式，二来保护隐私。帝王嘉奖内侍小食，也是用捧盒盛出赐予。官宦人家上菜，用的也是捧盒，既可避免食物太烫导致端拿不便，又能保温和防止落尘。

提盒出现得较早，早期是商铺和饭馆用来运送食物的。不过两根提梁，加几层格子，材质不是白木涂漆，就是竹编而成，都很粗糙。直到明清时期，文人对它产生了兴趣，参与设计，提盒才精巧起来。到后期，小型提盒多用紫檀、黄花梨等贵重木材制成，讲究的还有雕漆或百宝嵌装饰。此时，食盒已不被用来盛食物，而是作为贮藏玉石印章、小件文玩之具。

在过去，食盒也是一种特殊物件，富贵人家与官方人家用食盒，选材、制作、装饰、木匠的雇用，都特别讲究，一个家族地位、威望的高低、富有程度都可通过食盒反映出来。

随着时代的发展，饭店兴盛，外卖兴起，食盒由于笨重和不利于携带，逐渐被淘汰。

## 流　程

食盒的造型多为层式结构，由数格屉盘层叠组成，便于分隔盛放不同的食品。盒体的长宽大小不一，大者可达半人高，须由两人肩抬方能移动；小者如瓯，由人捧着即可行走。也有少部分食盒形如柜橱，外设两扇门，内里是分装各式食物的屉格。

**黄花梨木制食盒**

古代食盒的坚实材料加之古时工艺的榫卯结构，硬木在拼接、制作方面有着得天独厚的优势。做工精巧的硬木食盒，不仅可以做到滴水不漏，且能在外观上充分利用木料固有的纹理色泽，给人一种典雅庄重之感，既美观又实用。

在古代，食盒材质多样，有木盒、漆盒、藤盒、瓷盒、珐琅盒，不少还有把手，且做工精巧，庄重典雅，滴水不漏。不但能装饭菜，还能放卷轴、笔墨、梳子、镜子等。

# 食印：样式丰富面食美

食印是中华饮食文化的见证，食印在各地的叫法不尽相同。青岛一带一般叫"饽饽榼子""面榼子"，山西叫"榼榼"，南方各地叫"粿模""糕印""饼印"，等等。材质也是五花八门，木、石、陶、玉、瓷、砖、锡、塑等都有，多为就地取材。近代，因机械化工业的出现及食物的富足，食印用处不大，渐渐退出了历史舞台。

## 渊 源

食印始于秦汉，史料记载，秦始皇曾三次巡游至山东，相传曾以手捏的牛、羊、猪三牲面塑祭祀神祇，其后民间纷纷仿效，逐渐产生了面塑。面塑在这个过程中，样式花色、制作工具也在不断创新发展，这就为食印的出现奠定了基础。到了北魏时期，北魏贾思勰的《齐民要术·饼炙》中有"以竹木作圆范"的记载，这种面食模具应该是食印的最早雏形。

唐代段成式《酉阳杂俎·酒食》中记述了五色饼的做法："刻木莲花、藉禽兽形按成之，合中累积五色竖作道，名为斗钉……"说明唐以后面食模

过去带"寿"字的食印

具的制作更加精美，出现了花卉鸟兽的图案。

到了宋元时期，除了祭祀外，人们也开始在特殊节庆时用模子做面食。宋人孟元老在《东京梦华录》中记道："清明节……用面造枣锢飞燕，柳条串之，插于门楣，谓之'子推燕'。"这一记录说明社会稳定、经济繁荣促进了面塑的发展，并与岁时节令、庆典礼仪紧密结合起来。

至明清时期，"食印"文化则更加繁荣，飞禽走兽、花鸟鱼虫，越来越多的图案出现在隆重的宴席中。

随着时代的变迁，进入现代后，食印的作用越来越小，逐渐退出人们的日常生活。

## 流　程

食印若以地域分，大致分为南北两派。北派以冀、鲁、晋、陕及京、津等产麦面食区为主，南派集中在江南产稻区。综合来看，南方精巧，北方朴拙。

食印可分为单孔、双孔和多孔。如果同一模板的两面都刻了模孔，则称为双面印。从食印所刻图案的内容看，常见的吉祥图文有福禄寿三星、和合二仙、嫦娥等，动物有鹿、马、鱼、蝙蝠、龙、凤、麒麟等，植物有桃、石榴、佛手、葫芦、莲花、艾叶等，器物有八仙法器、佛家八宝、银锭、犀角、花篮、荷包等，食印图案的外围常用万字纹、米字纹、锦字纹、如意纹、回纹、旋纹、几何纹、葵纹等装饰。

过去鱼形状的食印

食印的形状分为方形、长方形、圆形、椭圆形和组合图形，大部分食印特别是随图纹形状而成的椭圆型食印都带有方便磕面的把手。

制作食印一般选用棠梨

木、梨木、苹果木等结果树木，选材后将圆木加工成不同厚度的木板，再在木板上按所需图形锯成小块，蒸制后晾干，蒸制时间各家不同。一般干后将食印头部沾蜡防裂，之后进入雕刻阶段。在雕刻食印时，先依描画好的外廓线打孔，即在平板上雕凿出一定深度的凹槽，修饰规整，再在凹槽内雕刻与之相关的图案。

制作食印的工具有刻刀、凿子等数十种，光是雕刻花纹的工具就有平凿、鱼眼凿、圆凿、挖凿等20余种。

# 算盘：两排珠子等万千

算盘是中国古代劳动人民发明创造的一种简便的计算工具。自古以来，算盘都是用来算账的，也正因为此，算盘被当作象征富贵的吉祥物，为人们所推崇。中国是算盘的故乡，在计算机已被普遍使用的今天，古老的算盘不仅没有被废弃，反而因它的灵便、准确等优点，在许多国家方兴未艾。

## 渊　源

算盘究竟是何人发明的，现在还没有定论，但是它的使用应该是很早的。东汉末年，数学家徐岳《数术纪遗》载："珠算控带四时，经纬三才。"北周甄鸾注云："刻板为三分，位各五珠，上一珠与下四珠算盘色别，其上别色之珠当五，其下四珠各当一。"汉代即有算盘，但形制与近日不同，可见至迟在东汉已经出现算盘。

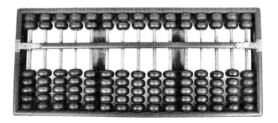

过去的老算盘

有些历史学家认为，

算盘的名称，最早出现于元代学者刘因（1249—1293年）撰写的《静修先生文集》里。在《元曲选》无名氏《庞居士误放来生债》里也提到算盘。剧中有这样一句话："闲着手，去那算盘里拨了我的岁数。"张择端在《清明上河图》中画有算盘，可见，早在北宋或北宋以前我国就已普遍使用算盘这一计算工具了。

古时候，人们用小木棍进行计算，这些小木棍叫"算筹"，用算筹作为工具进行的计算叫"筹算"。后来，随着生产的发展，用小木棍进行计算受到了限制，于是，人们又发明了更先进的计算工具——算盘。

清钱大昕《十驾斋养新录·算盘》："古人布算以筹，今用算盘，以木为珠，不知何人所造，亦未审起于何代。案陶南村《辍耕录》有走盘珠、算盘珠之喻，则元代已有之矣。"

到了明代，珠算不但能进行加减乘除的运算，还能计算土地面积和各种形状东西的大小。

明朝永乐年间编的《鲁班木经》中，已有制造算盘的规格、尺寸，还出现了徐心鲁《算珠算法》、程大位《直指算法统宗》等介绍珠算用法的著作，因此算盘在明代已被广泛使用，这是毫无疑问的了。

现在，已经进入了电子计算机时代，但是古老的算盘仍然发挥着重要的作用。在中国，各行各业都有一批打算盘的高手。使用算盘和珠算，除了运算方便，还有锻炼思维能力的作用，因为打算盘需要脑、眼、手的密切配合，是锻炼大脑的一种好方法。

2013年，中国珠算项目被联合国教科文组织列入人类非物质文化遗产名录。

## 流　程

现存的算盘形状不一、材质各异。一般的算盘多为木制（或塑料制品），算盘由矩形木框内排列一串串等数目的算珠，中有一道横梁把珠统分为上下两部分，算珠内贯直柱，俗称"档"，一般为9档、11档或13档。档中横以梁，梁上1珠，每珠为5；梁下5珠，每珠为1。

制作算盘，不是很复杂。算盘一般是木制，外框一般用马柳光树、黄连树做，质量差一点就用青木树做，架子一般用柏树做，制作时把珠子串在架子上，固定好架子，然后上漆，晾干，即可。

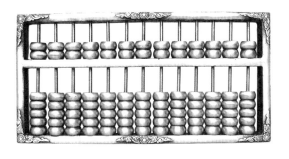

**过去的铜算盘**

# 煤油炉：明火煮食应急需

在过去由于普遍使用煤炉子，临时来个客人或做个小饭，煤油炉就会大展身手。不过，煤油使用时有烟，气味很大，加之煤油历来很贵，很少有人长期使用。如今，液化气、煤气管道直接进了厨房，还有干净又节能的电磁灶、微波炉，没有人再使用冒黑烟的煤油炉了。

## 渊　源

煤油炉，粤语称"火水炉"，是明火煮食的炉具，燃料是煤油，据考证，出现于1880年代，是外国人发明的。初出现时是一种方便的煮食工具，取代了烧柴、烧炭的传统炉具。

清朝光绪二十二年（1896年），我国首次进口5000加仑煤油。此后，外国煤油公司先后在杭州开设煤油公司、煤栈、洋油行等，煤油进口骤增。到了民国时期，很多富裕家庭都用起了煤油炉。

煤油炉的燃料——煤油时有用干，要不时添加，在添加期间，生火要暂

过去的铜制煤油炉

停，否则容易发生危险。不慎将煤油炉碰翻遇明火就会起火。虽然有危险，但是相比那些笨重的缸灶和固定不动的镶灶，煤油炉小巧玲珑，易于搬移。20世纪70年代初，煤油炉风靡一时，跟80年代开始兴起的煤气灶一样受宠。

20世纪五六十年代，大多家庭还使用煤球炉子取暖、烧水、做饭，比较讲究的家庭才会用上带烟囱的洋炉子。到70年代末80年代初，开始用蜂窝煤，也叫"煤球"。那时，煤球的质量不好，逢年过节，家里来客，煤炉子炒菜实在赶不上趟。70年代后期兴起煤油炉，比烧煤球生火做饭方便了许多。煤油炉在很多家庭大行其道。

如今，电磁炉、煤气灶应有尽有，当年使用方便的煤油炉早已成为老物件。

## 流　程

煤油炉的材质主要是薄铁皮，外部主要有正方形、圆形两种，规格有大、中、小三种。煤油炉外面的铁壳是喷了绿色的搪瓷，底座是贮油盘，用来装煤油，有十多根煤纱线油芯通过一根根细铁管伸进里面，煤油炉是靠点燃油芯加热的。时间长了油芯就会被烧焦，要将被烧焦的油芯修剪后才能继续使用，这样油芯在一次次修剪后就会逐渐变短，一年内就得换一到两次。

# 扑满：形制多样蓄钱罐

扑满，是我国古代人民储钱的一种器具，类似于现代人使用的储蓄罐。扑满在历史上衍生出名目繁多的称谓，如悭囊、闷葫芦、积受罐、藏瓶、哑巴筒等。先民们为储存之便，用陶做罐形或匣形的器具，只有入口，没有出口。钱装满后，则将其敲碎取之。"满则扑之"，故名"扑满"。

扑满的形制多样，有泥制、陶制、瓷制、竹制等。由于当钱储满时，只能将罐打破后，方能取出储存的钱币，因此，完整的古代扑满极少。现存古代扑满多系陶制，个别为瓷制。

## 渊 源

扑满在文献中称"缿（xiàng）"。据史料记载，秦代已有扑满。秦简《关市律》记载："为作务及官府市，受钱必辄入其钱缿中。令市者见其入，不从令者赀一甲。"《说文·缶部》记载："缿，受钱器也，从缶，后声。古以瓦，今以竹。"

《西京杂记》卷五记载："扑满者，以土为器以蓄钱，其有入窍而无出窍，满则扑之，即缿也。"

"满则扑之"，是因为古代的扑满形体多呈罐状，罐体密闭，上面大多只留一条狭缝作为投币口。钱币投入罐内，当钱储满时，只能将罐打破，方能取出，这也是"扑满"之名的由来。古代扑满并非儿童玩具，也不单单是传统的民间储钱

大象形状的扑满

器具，而是我国古代市场交易中收纳钱币时防范营业人员贪污行为的重要器物，是古代钱币立法的重要物证。

西汉至魏晋时期，是扑满发展的成熟期，也是其功能趋向单一化、专业化的时期，这一时期扑满的功能逐渐演变为储钱。唐代，扑满更达到了兴盛时期。到了宋代，扑满常被诗人写入诗中，宋代诗人范成大在《催租行》中写道："床头悭囊大如拳，扑破正有三百钱"，从中可见劳动人民生活的困苦。陆游则以此设喻，说明过度地聚敛钱财必会招致灾祸："钱能祸扑满，酒不负鸱夷。"

## 流　程

扑满的形制各异，制作时用的材料也各不相同。拿最常见的陶制扑满来说，一般制作流程为：

一是选土。所用的土质须黏而不散，粉而不沙。最好是在冬季取土，找一水源附近，向下挖到黄色膏泥土层，因为细腻的黄膏泥最适合做陶器扑满。选好的泥土，还需要放置架子上在露天处晾晒一整年。

二是浸泡混合。将晾晒好的泥土浸泡到清水里面，反复浸泡，反复清洗，去除里面的杂质和砂石颗粒。然后，加入香料、海盐、颜料、金粉、香灰等，混合调匀后，静置泥土，自然蒸发到凝固。

三是熟泥。就是将湿润的泥反复摔打，以去除泥团中的气泡，最终成为稠密的泥团。

四是制作粗坯。反复摔打后，将泥团装入模具制作出扑满的雏形。

五是阴干。扑满的雏形泥坯，要根据气候阴干一至数月，方可进一步加工。

六是调整加工。一般使用竹刀修饰扑满的雏形，调整形状和修饰花纹，最后开口。

七是烧制。成品的扑满放在木架上通风阴凉处晾一个月，去其内部剩余潮气后，入窑烧制即可。

# 第六章
# 手工生产类老玩意儿

中国古代农耕文明灿烂辉煌，在研制传统生产工具方面，中华民族做出了巨大贡献。比如生活中用的蜡台、香炉、顶针、面罗，测量用的升子、墨斗，农活需要的簸箕、扇车、铡刀、秧马，吃穿方面的月饼模、纺花车、织布机……一个个老物件，曾经经历过辉煌，代表着一段段回忆，是过去时光的见证者。

# 蜡台：造型别致擎蜡烛

蜡台是专门插放蜡烛的器具，上层社会官僚及富豪家庭常用，到了重大喜庆之日或过年过节祭祀时，将蜡烛牢牢插在蜡钎儿上，下面有两道承露盘承接蜡，既洁净，又安全，亮度极佳。

早年，城乡每个家庭几乎都有蜡台，逢年过节，都要用蜡台进行祭祀。特殊情况下，夜间还可临时取出，插上蜡烛点燃照明，极其方便。好多人家的姑娘出嫁前，父母都事先聘请匠人，为其打造一对蜡台，作为陪嫁的嫁妆。

## 渊 源

在古文献中，"烛"是对照明用器的最早称呼。西周时，"烛"是一种由易燃材料制成的火把，没有点燃的火把通称"火焦"，用于把持的、已被点燃的火把称为"烛"。《礼记·内则》记："夜行以烛，无烛则止。"

**现代的黄铜龟鹤延年蜡台**

据历史所载，在两汉以前人们主要使用油灯照明，灯具主要为青铜制品，蜡烛在东汉晚期出现。到了三国时期，伴随着蜡烛的使用，蜡台也应运而生，出现了青瓷卧羊形蜡台。西晋时流行卧狮形蜡台。到了东晋南北朝时，蜡台的铸态、式样就更加丰富，有羊形、狮形、单管、双管、四管、五管、荷花形等。

隋唐时期，工艺进步，不但生

产了大量以实用为主的蜡台，同时迅速发展了兼有照明和装饰双重功能的蜡台，中空筒管式蜡台就是隋唐时期的流行烛式。《天宝遗事》载："甲王以檀木刻童子，每夜饮，列执华烛，故名烛奴。"当时唐代贵族用名贵的紫檀木做蜡台，雕刻成童子形状，晚上宴饮宾客时，燃巨烛于其上助兴，名为烛奴。

**清代乾隆时期的景泰蓝花卉蜡台**

　　五代宋元时期，陶瓷蜡台占据了主导地位，造型较隋唐多样，较矮。宋人陶谷的《清异录》曰："案上捧烛铁人，高尺五，云是杨氏时马厩中物。一日黄昏，急需烛，唤小黄门，掇过我金奴来。"是说南唐先主李昇节俭，做了皇帝仍然使用铁铸的蜡台，为铁人模样，还美其名曰"金奴"。可见当时，已经有了对蜡台的审美的理念，于材质和工艺上也对蜡台有了更高的艺术追求。史上之"烛影斧声，千古之谜"，就说明到了北宋初期，蜡台和蜡烛已经相当普遍。

　　明清蜡台的种类较唐宋时期更为丰富，具有照明和观赏双重功能。明代蜡台造型丰富多样，并具有很高的艺术欣赏价值，其中永乐、宣德时景德镇窑烧制的蜡台，器口和台座呈八角形，颈部为圆柱形。北京故宫博物院藏明正德官窑款青花阿拉伯文蜡台，为一管状圆柱立于高台盘，清代以后的蜡台形制基本承袭此式。

　　蜡台不仅为贵族官宦富豪人家使用，渐渐地也进入民间百姓家中，不过百姓所用蜡台的材质不佳，档次不高，款式粗糙。到20世纪50年代，民间许多家庭还有蜡台，多在喜庆时候或祭祀时使用，随着社会文明程度的不断提高，民间祭祀活动日趋减少，特别是由于电力的迅速发展，我国城乡夜间照明皆以电灯为主，蜡台便陆续闲置起来。

## 流　程

古代的蜡台多为宝塔形，上细下粗，好像直立之唢呐，一尺多高，顶端立一铁钎儿，宛如一根铁钉倒立，名之曰"蜡钎儿"。蜡钎儿下为圆盘，用于承接蜡烛燃烧时滴落的蜡油，名"承露盘"。盘下二十厘米高为杆儿，围有数道沟槽圆肚儿，约拇指粗细，末端之肚儿较粗，下为第二道托盘，形状与第一道近似，稍大，直径十四五厘米，盘下为喇叭口状座子，由盘底向外逐渐放大，底端直径十七八厘米，把蜡烛插在蜡钎儿上点燃，夜间照明效果极佳。

简单的蜡台，就是一个设有尖针的承盘，考究的，会铸造成各种工艺造型，材质有银、铜、铁、锡、木、瓷、瓦等多种。

蜡台上面或锻造，或雕镂，或彩绘，或以倒模工艺铸造出各种纹饰，是一种集实用性、工艺性、观赏性、装饰性为一体的生活用具。

## 香炉：造型生动用处多

香炉是古代一种鼎炉形器物，旧时庙堂里的香炉大多为铜、铁铸成，有些器型较小的香炉是用玉、石、陶、瓷、木、铜等制成。香炉最大的功能，是作为敬佛或是祭祖的礼器。香炉也是文人雅士的心爱之物，置于厅堂或摆于书房案头，读书时点上一炷清香，便有了"红袖添香夜读书"的美妙意境。

## 渊　源

香炉的起源可以追溯到商周时代的"鼎"。中国古代青铜鼎有烹煮肉食、祭祀等用途，但和后来的香炉是两码事。

宋代赵希鹄在《洞天清禄集·古钟鼎彝器辨》中说："古以萧艾达神明

而不焚香，故无香炉。今所谓香炉，皆以古人宗庙祭器为之。爵炉则古之爵，狻猊炉则古踮足豆，香球则古之鬵，其等不一，或有新铸而像古为之者。惟博山炉乃汉太子宫所用者，香炉之制始于此。"从这段话可以看出，香炉始于汉代。东汉时期，越窑的香熏造型生动，质朴自然，不带托盘。

到了晋代，越窑青釉提炉，已同传统的香炉十分接近，也是三足鼎立。南北朝洪州窑香炉，釉色呈青黄色，为五只足。

**清代铜鎏金太平有象香炉**

唐代，自然会联想到脍炙人口的唐三彩。唐三彩香炉比较少见。

宋代贵族出身的赵氏皇帝文化素养极高，喜好复古，重视旧礼器。三足鼎式香炉是北宋复古的产物。香炉出现在宋代帝王的内庭，而一些小型香炉则成为文人把玩之物，具有很高的艺术欣赏价值，为后世所仿制。

元代香炉和宋代类似，数量与品种繁多，以中小型香炉为主。到了明代，大多数香炉以青花瓷为主，明嘉靖青花香炉，也出现了色彩斑斓的五彩瓷。明代宣德三年，创制铜炉，遂开铜铸香炉之先河。

清代统治者入主中原后，祭祀风气盛行。那时起景德镇名师巧匠，创制了很多瓷器香炉。

香炉历史久远，本来只供焚香用，后来被爱好古物的人收藏，成了人们玩赏的古董和艺术品。于是，年代久远、质料名贵、雕工精美的各种香炉，价值不菲，慢慢失去了焚香供养的意义。

## 流 程

清代乾隆时期蜡台和香炉

香炉的材质广泛，汉代以前就出现陶、瓷、铜、铁、瓦为材料制成的香炉。元末明初，随着铜器铸造业的迅速发展，原先其他材料的香炉，逐渐被铜香炉取代，明代宣德年间是铜香炉制作的巅峰阶段。

明代宣德皇帝在位时，下令从暹罗国进口一批红铜，责成宫廷御匠设计和监制香炉。工艺师挑选了金、银等几十种贵重金属，与红铜一起经过十多次的精心铸炼。成品后的铜香炉色泽晶莹而温润，是明代工艺品中的珍品。在很长一段时期内，宣德炉成为铜香炉的通称。

制作宣德炉的核心技术是失蜡法，有10多道工序，包括制图、雕蜡模、装浇口、上料、煮蜡、烘烤模、浇铸打磨和做旧等，做法是：用蜂蜡做成铸件的模型，再用别的耐火材料填充泥芯，再用石膏做成铸模。加热烘烤后，蜡模全部熔化流失，使整个铸件模型变成空壳。再往内浇灌溶液，铸成器物。

在现代化制作工艺快速发展的今天，香炉的设计制造更加的简单化、机器化。制作铜香炉，一般最常用的是砂铸，用专用的红砂敷在模具里层，把模具固定，然后倒入铜水。等冷却后经过工人修正纹路，然后抛光，修正，就可以包装出售了。

## 拴马桩：精美实用有讲究

拴马桩简单说就是一根能拴马的桩子，过去一般的富贵人家门口都有拴马桩，以此彰显地位和财富。传统的拴马桩通常立于大门两侧，殷实的农户人家会在拴马桩上雕刻精美的图案，取其中的吉祥寓意镇宅辟邪。古人认为，门前立拴马桩还有镇宅祈福的作用。

### 渊 源

北宋佚名的《百马图卷》中有很多样式的拴马桩

自从人类驯化马，并用来骑乘和运输起，拴马桩就必不可少。最初没有固定的拴马桩，一棵树，一根木桩子，一块石头，只要能固定马的缰绳就可以了。

西周兴起，与使用畜力关系密切。《周礼·夏官》载："周天子有闲

（御厩）十二，马六种（种、戎、齐、道、田、驽）"。到了秦汉之争，群雄并起，骑兵出现，并成为决定战争胜负的砝码。到了汉武帝刘彻时期，建立了一支 10万至 15万骑兵和数十万步兵组成的强大军队，以武力扫荡匈奴。

唐玄宗时，专门在关陇的千水、渭水等地开辟了广大的养马区，谓之"八坊"，又设立了太仆寺，专管马的选种、放牧、调教，那时，内厩有马24万匹，十几年后增至 40万匹。

北宋时，佚名的《百马图卷》就绘有 13个若巨型棒槌状的拴马桩。

早期农耕文化里是没有拴马桩的，最早的有记载的拴马桩是蒙古呼伦湖畔一根不规则的长方形石柱，据说是一代天骄成吉思汗的拴马桩。随着封建经济的发展以及元代之后明清两代北方游牧民族的大量融合，马开始成为驮运物品、作战及代步的主要交通工具。加之蒙古族、满族等北方游牧民族有骑马狩猎的习俗，所以马匹的大量存在是拴马桩产生的直接原因。

除了精美的观赏价值，拴马桩还有一个实际作用，就是镇宅辟邪。拴马桩立于大门两侧，而大门是确保生气的枢纽，例如南向之门，为离位，属小吉。用"灵石"镇宅，是民间最常见的民俗。在古人心中，石具有超自然的神力，凡街门南向看，石桩必立于右侧。凡街门北向者，其街门左右必对称立两根石桩，应"左青龙，右白虎"之说。凡街门东向者为震位，门前左侧必立石桩。门向西，因左、右皆吉位，故不立石。

《大清会典》中，对王府格局有如下规定：王府门外设有上马石、拴马桩，对面有照壁。王府门前的上马石通常为青石或花岗石，也有白色大理石，而且王府门前的规格较高，在正面及两侧面均雕有精美的花卉图案。每当

过去的拴马桩

主人外出时，仆人便牵马至上马石前，主人通过上马石就可以轻易地骑上马背。当时，上马石都是成对的，一块供主人出行时上马用，另一块是供主人归来时下马用的，但不叫下马石，因为旧时"下马"是不太吉利的话。

民国以后，汽车等新的代步工具慢慢替代了骑马出行，拴马桩就逐渐减少了。

## 流　程

雕刻精美的拴马桩称样桩、看桩。拴马桩所用石材多是灰青石、黑青石，少数用细砂石。一般大型的通高约300厘米，中型的约260厘米，小型的约230厘米。

拴马桩的外形以四棱为主，结构上可分为桩头、桩颈、桩身、桩根四个部分。

桩头为圆，桩体为方，象征天圆地方。拴马桩值钱不值钱、好看不好看，全在桩头上。

桩顶犹如人的头部，一般为圆雕造像，或刻着狮子灵猴，或凸显胡人驯兽，定格"代代封侯"。

拴马桩的桩颈一般为双层，上层是狮子和灵猴的风水宝地，而猴子和狮子的腿脚，都巧妙地凿出套缰绳的空隙。桩颈下层的浮雕有鹿、羊、马、花、草、云、水点缀其间。

拴马桩的桩身有的不讲雕工，有的在三面略刻有缠枝花云水纹，有的图样简洁、灵巧大方。

桩根呈方柱形，常埋入地下半人深。

拴马桩多狮子头，是因为狮子在佛教中被视为瑞兽。又因古代官制中有太师、少师，大狮小狮暗寓太师、少师，故有"大狮背小狮"的各种石雕。

以灵猴做桩头的拴马桩在关中石雕中为数不少，它更体现了一种率真狡黠或灵动稚拙，让人难以忘怀。

# 升子：上大下小量粮食

升和斗都是用于粮食的计量用品，全木制作，样式为上大下小，开口呈正方形，四个侧面以梯形缩小，制作形态为合卯契合，完全不用钉子。升子作为伴随了农民几千年的传统小农具，是农耕时代的见证物。

## 渊 源

"升"是"石斗升合"中的"升"，"石斗升合"作为计量名称是很古老的传统容量单位，属于"市制"单位，换算关系是一石等于十斗、一斗等于十升、一升等于十合。而斗和升子这种用来计量粮食的量器从有历史记载以来已存在了几千年。

据资料记载，米斗是随着粮食生产而发展出来的用具，早在先秦时期就有。《史记·田敬仲完世家》上写道："其收赋税于民以小斗受之，其禀予民以大斗，行阴德于民。"大意是说："春秋时田釐子任齐国大夫，暗施仁惠于民众，收取赋税时是用小斗量，赐给百姓粮食则用大斗。"但是，这一时期各地的米斗，并没有统一的度量标准，米斗的大小容积因地域不同有着不小的区别。直到秦代统一了度量衡，汉代又进一步制度化，十升为斗、十斗为石的标准才被固定下来。

以升子来说，在里边装满粮食后，多出来的拔尖部分用

过去的木斗

尺子刮掉，如此十下便是一斗，完全没有水分，是相当公平的。可在古代封建社会的操作下，就有了相当大的出入，若是赶上兵荒马乱的年代，执政者往往会使用小斗来诓骗百姓。

升子、斗桶、斛子都是量具，主要用于量粮食。20世纪五六十年代及以前，农村的粮食通常要当货币使用，故经常要用升子、斗桶之类的量具。

到中华人民共和国成立初期，"石斗升合"这种计量方法在农村也一直沿用。农村当时秤比较少，而且粮食又是大宗商品，大量过秤比较麻烦，所以人们还是习惯用"石斗升"来计量。

随着经济的发展，在20世纪50年代，国家对度量衡进行了改革，取消了"石斗升"作为粮食的计量单位，改用衡器的秤来作称重的器具，"斤"成了法定的称量单位。从此，用"石斗升"计量粮食的方法基本上被淘汰了。

## 流　程

老话说："升不离斗，秤不离砣，筛子不离筐和箩。" 升与斗都是旧时量粮食的器具，升，又叫升子，呈正台形，木制，上口大，下口小，四个侧面就是四个标准的梯形，选用质地坚硬的木料合卯而成。不同于升子的是斗，多为方体，有正方及口大底小两种造型，斗子的中间设有一根横木杠，与口齐平。

升和斗又是市制容量单位，十升等于一斗。标准的斗、升，完全是用榫卯连接，浑身见不到一颗钉子。升子的制

**过去的木斛子**

作材料多为木制，由木匠选用上等的硬质、耐磨的木料，合角斗榫做成，形状一般呈上大下小的方形体。升子既可以用来量米，也可以用来盛米和其他杂粮。

《大清会典》载："户部量铸铁为式，形方，升积三十一寸六百分，面底方四寸，深一寸九分七厘五毫。"今得实测仅存的清代户部铁方升，可知清朝官定的标准量器计算容积为1035立方厘米。它上口15厘米，下口12.5厘米，高10厘米，可容米1千克。

升子装满了再往上加，到堆不下为止，叫"满升"或"尖升"，装满后用手指或筷子沿升子口刮平叫"平升"。这都是旧时的"术语"。现在的是十两为一市斤（五百克），两市斤为一千克。有台秤、磅秤等衡器，很是方便。

## 墨斗：弹出黑线做标记

古人有"设规矩、陈绳墨"之称。墨斗一般由樟木或乌臼木等不易爆裂的木料制成，木匠工作过程中的所有直线、锯板和锯方条几乎一刻离不开它。相传墨斗为春秋时期匠师鲁班所创，而今，农村地区还有木匠在使用传统墨斗。

### 渊　源

墨斗是木工用的一个小工具，传说是鲁班发明的，现在仍是木作艺人手中不可或缺的工具。它多用不易变形、不开裂的干燥松木或柏木制成，也有以水牛角为材料制作的。墨斗一般为木匠自己所用，在各种传世木工工具中，墨斗数量最多，式样各异，如有的木作艺人将墨斗制作成一条水中游弋的鱼，有的木

过去的老墨斗

作艺人将其制作为一条泊在水边的船，还有的将其制作成一头安卧熟睡的狮子，真是五花八门，惟妙惟肖。

古语说："木尺虽短，能量千丈。"可木尺在木头上是画不出一条直线的。鲁班就动脑子造出墨斗盒子，前头小洞里拽根细线出来，用人拉到顶头，把墨线一弹，一根笔直的墨线就现出来了。木匠师傅开料离不了墨斗，墨斗墨线顶头有个线锥，木匠师傅叫"班手"，还有称它为"替母"或"班母"的，传说是为了纪念鲁班的母亲。

## 流　程

墨斗由墨仓、线轮、墨线（包括线锥）、墨签四部分构成，其主要用途是画竖直线。

1. 墨仓

墨斗前端的一个圆斗，早期是用竹木做成的，前后有一小孔，墨线从中穿过，墨仓内填有蚕丝、棉花、海绵之类的蓄墨的材料（倒入墨汁后可以短时保存）。

2. 线轮

一个手摇转动的轮，用来缠墨线。墨线由木轮经墨仓细孔牵出，固定于一端，像弹琴弦一样将木线提起弹在要画线的地方，用后转动线轮将墨线缠回，因而古代又称墨斗为"线墨"。

3. 墨线

一般用蚕丝做成的细线，也可以用棉线，其特点是，经过墨仓时可以保留一定数量的墨汁。墨线的末端有一个线锥，称"替母"，它可以插在木头表面来固定墨线的一端，也可以当铅锤使用。

4. 墨签

用竹片做成的画笔，其下端做成扫帚状；弹直线时用它压线（使墨线濡墨），画短直线或记号时当笔使用。

墨斗在弹线之前，首先要调墨，因为墨放久了会干，首先要加水到墨仓，用墨签把墨调匀。线锥固定到木头的一端，左手缓慢拉动墨斗，墨线伸展到足够长度的时候，略微收紧墨线，使之有一定的弹性，如拉弓开弦一般。右手提起墨线，不要让墨线接触到木头，左手将墨线压在木头的另一端，墨线往上提，提拉的方向，尽量垂直于计划弹线的那个表面，尽量不要偏移，这样弹出来的墨线才会更趋近于一条直线。

弹完一根线，需要将墨线收一遍再重复放线动作，因为第一次弹过之后，墨线上的墨会变少，很容易导致弹线不清晰。如果墨汁较淡，可提弹数次，直至清晰。打完线后，立身用右手旋转摇把将墨线回收到木轮上即可。

过去，墨斗的造型、装饰各式各样，墨仓有桃形、鱼形、龙形等。

# ⌇⌇⌇ 扇车：糠秕既去得净米

扇车即风扇车，是一种能产生风或气流的机械，也叫"飏扇""扬谷器"或"扬车"。以前，扇车靠手工摇动，农民称作打扇车。打扇车是必须由两个人配合干的农活。两个人一起打动曲柄，给扇车加力，使风叶保持高速运转，让扇车产生绵绵不断的强劲的风。

## 渊　源

据史料载，扇车最早在西汉时期就已经出现，它与皮囊鼓风、活塞式木风箱、龙骨式水车等，同是当时发达农业的标志。

扇车的组成是在一个轮轴上安装若干扇叶，转动轮轴就可产生强气流。西汉时长安有名的机械师丁缓发明了"七轮扇"，是在一个轮轴上装有七个扇轮，转动轮轴则七个扇轮都旋转、鼓风。旋转式扬谷扇车自西汉出现以来，到宋元已经趋于定型。元代王祯《农书》中曾有描述："扬扇……扬谷器，其制，中置箕轴，列穿四扇或六扇，用薄板，或湖竹为之。复有立扇、卧扇之别，各带掉轴。或手转足蹶，扇即随转。凡舂辗之际，以糠米贮之高槛，槛底通作匾缝，下泻均细如帘，即将机轴掉转扇之，糠秕既去，乃得净米。又有异之场圃间用之者，谓之扇车。凡蹂打麦禾等稼，穰粒相杂，亦须用此风扇，比之枚掷箕簸，其功多倍。"

元代王祯《农书》所绘的风扇车和西汉时期的风车，都是开放式风扇车，产生的风是向四面流动的。

明清时期扬谷扇车有所改善。明代以前，扇片裸露在外，其风轮箱体也为长方形；明代改为全封闭式，其风轮箱体全为圆柱形，以免在风轮旋转时产生涡流，形成无用的阻力。

明代宋应星的《天工开物》中则绘有闭合式的风扇车，至今在偏僻的农村仍有使用。

在过去，人们秋收后要把小麦或者谷子进行扬场，那时是靠天吃饭的时

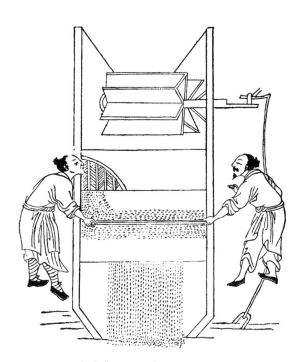

刻本《天工开物》插图上的扇车

代，扬场要看风向而做。有了扇车就省力多了，用簸箕撮到米扇车的箱斗里，右手摇扇车，左手轻轻将活动门开启，米粒就源源不断地从扇车下面的出口处流出来，流到扇车下面的笸箩里，糠秕则从米扇车左面通风口扇了出去。到20世纪70年代，一些地区用上了碾米机，扇车才被淘汰。

## 流　程

扇车主要用于清除谷物颗粒中的糠秕，工作时将粮食放进上边的喂料斗，手摇风扇，喂料斗下边就有风吹过，开启调节门，谷物在重力的作用下会缓缓落下，密度小的谷壳及轻杂物被风力吹出机外，而密度大饱满的谷物直接在下边出料口流出。这样，就把糠秕与谷物分开了。

扇车四条腿的上端有四根横木连成的长方形框。圆形的风箱陷在框里。通身纵横以卯榫衔接，它的整体由车架、外壳、风扇、轮轴、摇把、挡风板、滴籽板等构成。用料也非常讲究，主要框架为榆木，桄子是桦木，风板、风箱是柳木，风箱的衬里是杨木。后来，人们在扇轮右边轴心处装上飞轮，后面对应的地方装上大轮盘，用链条连接起来，这样摇扇车的人就轻松多了。

米扇车与扇车比较，既轻便又简单。也是全木结构，箱体有四足，箱体的左边为通风口，右边为风箱，风箱内装风扇，风扇为薄板制作，扇轴左端安装摇把，以便操作。风箱上口孔为一条狭缝，装有活动门，可随意开关。

## 簸箕：扬尘去糠得净粮

在农家，簸箕是家庭生活的必备之物，一个簸箕用得爱惜点可以用几十年。簸箕大都是用藤条、去皮的柳条、竹篾、作物秸秆等编成。在农村，用得最多的就是夏季农忙时用来晒麦子或收秋时候晒其他谷物等。

## 渊　源

柳编的起源可追溯到原始社会。从奴隶社会到战国时期，柳编就已经在人们生活中普遍使用，历经各个朝代成为人们日常生活中不可缺少的生活器具之一。

在新石器时代就出现了用柳条编织的篮、筐。春秋战国时期，用柳条编成杯、盘等，外涂以漆，称为"杯桊"。唐代，沧州柳箱已很著名。宋代，人们取杞柳的细条，"火逼令柔曲，作箱箧"。此后，柳编工艺不断发展。

传统的柳编品种主要有衣箱、笆箩、簸箕等。1960年以来，中国柳编工艺品开始出口，生产有了较大发展。

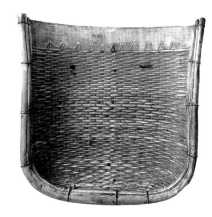

过去的簸箕

簸箕即是柳编的一种。

簸箕的品种有大簸箕、小簸箕，还有净物簸箕。净物簸箕是介乎大小簸箕之间的一种小型簸箕，没有撑角，主要是装物时用。

## 流　程

做簸箕用的主要原料是柳条，簸箕条有芽条、秋条、蒸条之分。农历三月割的条子，也就是春季草木发芽时割的条子，皮利容易剥，叫作芽条；农历六、七月割的利皮条子叫秋条；凡皮不利，需要蒸后方可剥下的条子，叫蒸条，这种条子是簸箕条中的上等品，用其制作的簸箕柔韧性强，经久耐用，色泽清白，受人喜欢。

做簸箕除了用条子，还需要用麻绳和簸箕舌头。麻绳的粗细要适度，一律要用上品麻捻绳，否则会影响簸箕的使用寿命。

做簸箕用的工具主要有铁镰（推刨）、方锥、槽锥、钩针、拨停、绳锤、捋篾刀、量舌、尺子等。

簸箕的制作流程很复杂，大体来说需要十几道工序。从采条开始，脱皮、干条、泡条、整条、装底（茬坯）、安舌、成型、补角、打柳线、缠边、上龙脊等，需要制作的工具有十几种，即便手艺娴熟的老工匠一天也只能编一两个。

做簸箕需要阴湿、避阳光、不见风的环境。农家一般都在地下打地窖。

# 碌碡：轧谷平地好农具

碌碡是一种用以碾压的畜力农具。总体类似圆柱体，中间略大，两端略小，适合绕着一个中心旋转。碌碡用来轧谷物、碾平场地等。

过去，所有农活都靠人工完成，那时没有脱粒机，小麦脱粒全靠碌碡来完成。麦穗晒上几天后，碌碡就派上用场了。早先是靠人拉着碌碡，后来有了牛、驴等大牲畜，拉碌碡的任务就由这些牲畜来完成。

## 渊 源

碌碡又叫"石磙""盘龙"。据有关资料记载，这种简陋、原始的农具，最晚在新石器时代就已经在生产中运用，是最古老的脱粒机。在遥远而漫长的农耕历史中，碌碡曾发挥了不可替代的作用。

从汉代起，很多农具都出现了，如磨碎磨平土壤用的耱，中耕用的锄和铲，收获用的镰、钩镰等农具都已出现，并逐步得到改进。至魏、晋、南北朝又有新的增益，如碎土保墒、平整土地用的耙就在此时出现。另一种农具耖也是这时所创。由石磙和木框架两部分构成的碌碡，则是一种碎土压实

旧时，秋收后人们用驴和马拉碌碡

器，后来演变成为碾压小麦的工具。

北魏时期，贾思勰在《齐民要术·大小麦》中说："治打时稍难，唯伏日用碌碡碾。"

到了宋代，诗人楼璹有一首《耕图二十一首·碌碡》诗："力田巧机事，利器由心匠。翩翩转圜枢，衮衮鸣翠浪。三春欲尽头，万顷平如掌。渐暄牛已喘，长怀丙丞相。"很形象地描述了碌碡的外形和用途。宋代范成大的《四时田园杂兴》诗之六："系牛莫碍门前路，移系门西碌碡边。"

清代纪昀在《阅微草堂笔记·滦阳消夏录三》中写道："吾待君墙外车屋中，枣树下系一牛，旁有碌碡者是也。"

到20世纪70年代初，随着脱粒机、联合收割机的相继问世，碌碡逐步退出历史舞台。

碌碡和石磙虽然形状差不多，但还是有所区别的。碌碡的个头相差不大，绝大多数是用马牙石做成，形状是中间有点儿鼓，两边一头稍大，一头稍小，且在身上錾着一道道的顺向槽纹，如果推着它往前滚动，它走着走着自己就能转起圆圈来。碌碡的作用主要是碾场，在麦场上做圆形运动，把小麦、谷子、高粱、豆类等作物的籽粒从外壳中压出来。

石碌用的材料主要是青石、砂石等石材，由于用途不同，石碌的个头也相差很大，有的又粗又长，有的又细又短。

## 流　程

碌碡在有通用规格制作时，选好花岗岩、石灰岩或片麻岩等石材，经放样后人工凿除多余部分，形成圆形的母胎，然后进行细部加工即可。

木框是基本的碌碡配套工具。木框是木工根据碌碡的通用规格，做好横梁2道、边梁2道、圆木销子2个，在边梁上凿长方形洞，榫接而成。后来很少用木框了，基本改用铁制框，因为在拖拉机等机器后面木制的框很容易断。

一般而言，只有碌碡是不完整的，必须有配套的木框才算完整。在北方的农村，碌碡随用随放，农民收工的时候，只把木框带回家中。

# 铡刀：原理巧妙历史久

铡刀就是用来铡饲草、高粱秫秸或其他需要截断的稻草等的农具。

## 渊　源

铡刀曾经是农村一种常用的大型刀具，铡刀始于何时，无可考证。不过铡刀是由铁做的，应该是铁开始出现以后的事情。

中国最早的关于使用铁制工具的文字记载，是《左传》中的晋国铸铁鼎。在春秋时期，中国已经在农业、手工业生产上使用铁器。1972年，在我国河北省藁城县台西村出土了一把商代铁刃青铜钺，其年代约在公元前14世纪前后，青铜钺上嵌有铁刃，该铁刃就是将陨铁经加热锻打后，和钺体嵌锻在一起的。陨铁不是冶铁，我国炼铁始于春秋时代，在掌握炼铁技术后不久，就炼出了含碳2%以上的液态生铁，并用以铸造工具。战国初期，我国已掌握了脱碳、热处理的技术方法，发明了韧性铸铁。由此推断，铡刀的出现应该是春秋以后的事了。

铡刀与农业文明一路同行，历史悠久。如今，铡刀逐渐远离了人们的视野。

## 流　程

铡刀主要由两部分组成，第一部分是铡床，由榆木、枣木、槐木等硬杂木做成。铡床中间挖槽以安放铡刀，铡床的两侧用铁皮包上，底部侧面还要开槽，让草屑流出来。第二部分就是铡刀，刀柄为木质，其余部分为铁质金属，刀刃沾钢，刀背成鱼脊形。铡刀和铡床的顶部用一根铁棍做连接棒，可拆卸磨刀。

铡刀由底座和刀体两部分组成，底座一般是由整棵的硬杂木在树身开出槽缝而成，有的底座是用自然长成的树杈，巧妙地利用了三角形的稳定性。底座的顶端镶嵌有金属销子，用于固定铡刀的刀头，槽缝宽约2到3厘米，铁质的刀体背厚刃薄，刚好能卡在槽缝中，槽缝的两侧为了增加牢固度，一般是敷设厚厚的铁皮，为防止草料的打滑，有的还加了铁钉。刀体的后部有空心刀柄，刀柄上可以再安上木柄，一是避免冬天冰手，二是可以减轻对手的磨损。

使用铡刀时，必须两个人默契配合共同完成。一个人把草捆填进铡刀里，并尽量把草往铡刀和刀床连接处靠拢，另一个人则成骑马蹲裆式，双手握住刀柄，高高抬起，待填草的人把草送到铡刀下，用力把铡刀按下，草即被切断。

过去药房用的小铡刀

## 秧马：雀跃泥中日千畦

水田耕作，最辛苦的就是插秧和收割。为减轻劳动强度，古人发明了许多农用器具，秧马是其中最重要的一种。

秧马又称"秧凳"，是南方水田种植水稻时用于插秧和拔秧的工具，主要流行于长江中下游水稻产区。至今，南方有些水田多的地区，偶尔还有人使用秧马。

### 渊　源

秧马是何时发明的，尚无定论。宋代文豪苏轼的诗作中，就有一首《秧马歌》。苏轼在《秧马歌序》中写道："予昔游武昌，见农夫皆骑秧马。以榆枣为腹，欲其滑；以楸梧为背，欲其轻，腹如舟，昂其首尾，背如覆瓦，以便两髀雀跃于泥中。系束藁其首以缚秧，日行千畦，较之伛偻而作者，劳佚相绝矣。"

元代王祯编著《农书》时，不仅收录了大量的农具图谱，还收录了苏轼的这首《秧马歌》，并为之谱了一张《秧马图》。可见，北宋时期，秧马已经开始大量使用。

秧马外形似小船，头尾翘起，背面像瓦，供一人骑坐。其腹以枣木或榆木制成，背部用楸木或桐木。操作者坐于船背。如插秧，则用右手将船头上放置的秧苗插入田中，然后以双脚使秧马向后逐渐挪动；如拔秧，则用双手将秧苗拔起，捆缚成匝，置于船后仓中，可提高功效及减轻劳动强度。宋代苏轼大力宣传和推广秧马。当时，在湖北、江西、江苏、浙江、福建、广东等地，均有秧马使用。

南宋诗人陆游曾在《初夏》一诗中提到过秧船："已过浣花天，行开解粽筵。店沽浮蜡酒，步欐载秧船。"从另一个角度说明，秧船早在宋代就已成为农家传统的生产工具。

过去的秧马

元代以后，秧马使用不断，各种式样的秧船，皆从秧马演化而来。

明代，徐光启所著《农政全书》也收录了苏轼的《秧马歌》，所附秧马图与王祯《农书》图谱相同。现今的史书，在叙述北宋农业生产成就时，都提到了秧马及其用途。

清代，陆士仪《思辨录辑要》中有记录："按秧马制甚有理，今农家拔秧时宜用之。可省足力，兼可载秧，供拔莳者甚便。"

今天，在南方水稻种植区，水稻种植机器、水稻收割机器大量应用，秧马的用途越来越小，也越来越少见了。

## 流　程

秧马原来是用轻巧的木头制成，由底板、坐板和四条腿组成。底板约为1厘米厚的木板，中间部分略有弧度，像船底，两头微微往上翘起，它的原理是在稀烂的泥巴田里不会陷进去，能自由灵活地前后左右滑行。秧马的坐板两头翘，呈弧形，中间厚两边薄，像马鞍，骑在上面像骑马一样舒适。坐板下会有一根横条，可夹住扯秧捆秧苗的齐草。

起秧，在潮汕农村，叫"挽秧"，就是把秧苗从秧田（育秧苗的田）里扯出，然后挑运或拖运到已整理好的稻田里去插秧。在挽秧的时候，秧地里仍然还是有大量的水。秧板（秧马）这时就能发挥作用了。由于秧苗比较小、比较矮，如果人长时间地躬着腰去挽秧，会很劳累；如果蹲着去挽秧，秧地中的水会把裤子浸湿。所以，秧马的使用，既可以解决人们躬腰挽秧之苦，又可以避免田水浸湿裤子。

由于秧马的下部是一块前端翘起、底部光滑的木板，所以人坐在秧马上扯秧时，对于秧地的压强因这块木板而大大减小，也就不至于陷入还有些泥泞的秧地。由于秧马的前端是翘起的，所以，在扯秧过程中，扯完身边一块秧后，不需要刻意向前挪动秧马，只需骑坐在秧马上的人稍稍用一点劲，秧马就会向前滑动。所以，秧马确实是一种很好的用于挽秧的工具。

## 茓子：可大可小利储存

茓子是囤粮用的粗席子，通常用高粱秆或芦苇的篾儿编成。茓子是当时农村家家不可缺少的东西，它不光用来存粮，还可以装土豆、萝卜、杂物等。它占地面积小，根据实际情况，围的圈可大可小，可高可低。一卷茓子不够还可以再往长了接，是一种既方便又实用的储存东西的物件。

### 渊　源

在早年，特别是20世纪七八十年代，用茓子储藏粮食者颇多，有的在房前屋后，有的在闲置的房间，还有的在自家屋顶，名其曰"茓子囤"。

用茓子储藏粮食，效果较好，上有囤盖儿，下有囤底，不但防雨防潮，还通风透光，20世纪六七十年代，几乎家家都有茓子。

使用茓子储粮，最长不超过一年左右，或随时消费，或将粮食外运，或倒入其他仓库，因为经常遭受日晒雨淋的茓子，极易朽化变质。随着囤内粮食的减少，茓子可一卷卷儿摘下，卷起来堆放在一侧，来年粮多时再予以使用。

改革开放后，家家丰衣足食，居住环境和生活器具也都焕然一新，人们多用粮缸、粮袋储存粮食，伴随人类生活的茓子，渐渐淡出了人们的生活。

## 流　程

芡子是用高粱秆、秫秸、芦苇的篾儿编制的，编织方法和炕席差不多，只不过篾码比炕席宽。芡子一般都有固定的尺寸，宽了不易往起围旋，窄了又浪费材料且不实用。至于长短要取决于它的实用性，一般一片芡子不够用还可以用另一片接起来围，直到满意为止。

编织芡子，需要好几道工序。

首先，选好料，一般使用秫秸靡子，最好选用较直、光滑的秫秸，特别弯曲粗糙者无法使用。

其次，是做靡子。将有护须的根部和尖部切去，在平坦硬地上以碌碡将秫秸压扁，然后用镰刀或其他刀具扁向破开，一分为二，将穰儿裸露在外，捆好投入河中浸泡一两天捞出，在地上平放一木板，长度不短于秫秸，宽需3米以上，取四五根破开的秫秸穰儿朝上放在木板上，平板铁锹紧紧按住靡子的一端，用铁锹刀把秫秸穰儿铲净，然后再翻过铲去外面的裤儿，就做成靡子了。

最后是编织。编织芡子，靡子的里子要全部朝上摆放，由右侧犄角开始，隔二出二斜向编织，其花纹与炕席一样，只是比炕席花纹显得粗糙许多。织出90度直角来，两侧边长达40厘米后，将左侧靡子往里折叠90度继续编织，编出另一侧直角，随后从两侧同时斜向折叠编织，满约30米或60米长度时收沿儿，成为一个完整的带状，一个粮食芡子就编织完成了。

芡子的宽度通常在0.4米到0.5米之间，长度有8米、12米、35米和40米不

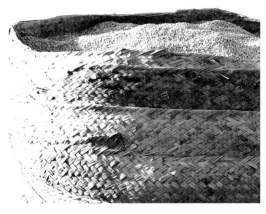

过去人们用芡子储藏粮食

等，大多数根据想要储存的粮食的量而定，手艺娴熟的人一天能编一个12米长的粮食苼子。

# 顶针儿：玲珑小巧好助手

顶针儿又称"顶真儿"，是一个金属箍，有铝质的，也有铜质的，宽约2厘米，厚度不超过1毫米，外侧布满密密麻麻而又排列有序的凹点。做针线活时，把它戴在右手中指上部的两个关节中间，穿了线的针鼻儿顶住这些凹点，既减轻了手的劳动强度，也提高了缝制的速度。过去，顶针儿是女人做针线活的有力助手。

## 渊　源

顶针儿的历史悠久，在原始社会人们就学会了用石针、骨针缝制最原始的衣物，将针尾钩上麻皮等丝状纤维，就可把兽皮或树叶串联到一起，用以遮羞蔽体。时而遇稍厚的毛皮，用石针、骨针难以扎进，就用小木板或小石块顶在针鼻儿尾端用力顶进。

20世纪六七十年代，民间还在普遍使用顶针儿，所有家庭主妇的针线笸箩里都有顶针儿。进入20世纪八九十年代，缝纫机逐渐普及，一般农家都有一台缝纫机，原来的手工针线活绝大多数被缝纫机代劳，如缝制衣服、被褥和鞋袜，缝纫机皆能"全权代理"，比手工缝制方便得多，伴随人们千百年的顶针儿，渐渐地就很少见了。

## 流　程

顶针儿，呈箍形，上面布满小坑，一般套在中指用来顶针尾，以免伤手，而且能顶着针尾使手指更易发力，用来穿透衣物。

顶针儿多为铜质，呈金黄色，亦有少数生铝或铁者，呈银白色，中间断开，既可适度捏紧缩小，亦可撑开放松，除四周边缘，浑身布满小凹进浅坑，如草籽儿一般大小，密密麻麻，排列有序，缝制衣物时，像戴戒指一样套在中指上，用小凹坑抵住针

**过去人们用的顶针儿**

鼻儿的尾端，通过手指用力将针刺进衣物便于缝缀。顶针儿是早年女人针线筐箩中的必备之物，许多女子还像戴戒指一样常年戴在手上。

# 面罗：去粗取精筛细粉

在过去，面罗和筛子是家庭主妇们常用的东西。面罗和面筛不一样，面筛的筛底孔心粗大，是用来除去粮食中的杂质的，面罗是用来分离粗细面粉的，是筛面之专用工具，所以底孔很细密。罗底最早的时候用马尾做，后来一般用细铜丝网或尼龙网做成。在过去，家家都要碾米磨面，碾米较为简单，使用簸箕颠簸即可，一旦碾压磨制粉状物，就离不开面罗。

## 渊　源

面罗的历史悠久，关于"罗"字的含义，最早可见于甲骨文中，宛如拿着鸟罟捕鸟之状。《尔雅》中曾经说："鸟罟，谓之罗"，《说文解字》中也说："罗，以丝罟鸟也，从网从维，古者芒氏初作罗"。

在原始社会，曾有一部落，他们以捕鸟为生，用树木枝条或丛生藤条编织成网状，谓之"罗"，用以捕捉飞鸟。以后，人们便把善于织造罗网并罗捕飞鸟的部落，称之为"罗"。同时，人们把所有网状物品都统称为

**现代的不锈钢面箩**

"罗"，故此，民间把筛面粉之器具也称为"罗子"。

在过去，没有电磨，刚收获的粮食许多不能直接用来烧饭，必须进行加工粉碎。最早用石臼舂米，后来改用碾子碾米，用石磨磨面，碾压小麦或其他粮食面粉时，离不开面罗，压细后就要用面罗筛一遍，将面粉漏下分离出去，渣滓留在上面倒在碾子上压，压细了再用面罗筛罗，如此几经反复，才会把粮食碾压成合格的粉状物。

罗的普遍使用，催生了织罗、张罗等技艺。过去，张罗，可粗可细，凭主家选择，有绢罗、马尾罗、仿绢塑料丝罗等，但马尾罗流行的时间最长、用途最广。

北魏贾思勰在《齐民要术·作酱法》中写道："麹及黄蒸，各别捣末，细筛，马尾罗弥好。"可见，当时马尾罗已广泛使用，不仅罗面，也罗药末，制黄酱。

古代出嫁女在婆家分户立灶时，娘家至亲送炊具、柴草、马尾罗、升、面食、鱼肉等为之起炊，俗称"温锅子"。柴草、马尾罗、升，象征日子过得红火，骡马成群，步步高升。

直到20世纪六七十年代小型加工粮食机械进入民间以前，人们加工粮食都离不开面罗，广大农村包括小型城镇居民在内，绝大多数百姓家都有面罗，有的还不止一个，有的孔目密集细小，有的孔目稀疏粗糙，用来筛罗不同的粮食。

随着社会的进步，科学的发展，各种小型粮食加工机械诞生并被广泛使用，粉碎、筛罗可一次性完成，专门筛面的面罗便完成了自己的历史使命，悄然走下历史舞台，淡出了人们的生活。

## 流　程

面罗的主要结构是罗帮和罗底儿。罗帮又名"罗圈儿"，为长方形薄木板弯成的圆圈并连接牢固而成，以柳木为最佳，因柳木木质细腻柔软，不易折断；罗底儿，是一张具有许多规则的细小孔目的丝网。

把柳木原木锯成薄板材后，皆裁成20厘米宽条状，两面刮平表光，两侧刮直，都截成一定长度，一块块置于小劈柴棍儿点起的火上熏烤，适度加热后将其围弯成一个个圆圈，接口用数道铁锯

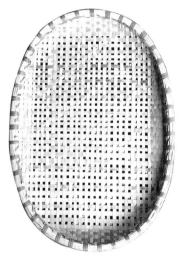

**现代的竹筛罗**

子固定成筒状，便是罗帮。再锯裁数条1厘米宽1厘米厚的窄条，作为固定筛网的撑条，长度与罗帮内径相同，一根围成圆圈固定在罗圈底往里1厘米处，筛网蒙好将另一根紧挨第一根撑条挤进，把丝网绷紧，周围再用小钉固定结实，罗子便可以使用了。

罗底儿的丝网，所用材料较多，用蚕茧丝织布，称之曰"丝绢"。到了明朝，人们发现马尾鬃毛既细又均匀，耐水且不易腐烂，便试着用马尾织造罗底儿布，效果极好。加工前，先把马尾按颜色分类，有黑、黄、花等，用清水加碱刷洗数遍，除掉油污杂质，然后梳理整齐，用织布机织成布匹。

进入20世纪60年代，各种金属丝网诞生，人们便开始使用金属丝网做罗底儿。

因丝网密度不同，面罗也有粗细之分，罗底密度大的孔目小，谓之细罗子，罗底密度小的孔目大，谓之粗罗子。

# 月饼模：造型古朴内涵丰

月饼模俗称"月饼印"，是制作月饼的工具。月饼模在各地称谓不同，山西平遥一带叫"磕磕（或壳壳）"，北京和天津一般叫"月饼模子"，河北沧州，叫"面花模子"，南方大多是叫"板"。月饼模是食印的一种，形状各异，或圆或方，或大或小，粗犷淳朴、古拙随意，是对中秋民俗演化的一种记录。

## 渊　源

月饼最早起源于殷周时期，汉代称为"胡饼"，唐代更名为"月饼"。月饼有文字可考的历史大概在北宋年间。著名诗人苏东坡有赞美月饼的诗句："小饼如嚼月，中有酥和饴。"月饼模子，成为百姓家中不可缺少的生活用品之一。

流传至今的月饼模子以明清和民国时期的居多。

清代指日高升图案的月饼模

元代的月饼模，基本都是木质的，一般是梨木或者枣木。月饼模不太规整，较为简单。明代时期，月饼模具开始出现寿桃、鲤鱼、莲花等图案，整体风格简约，注重线条美。明代的《西湖游览志余》一书中说："八月十五谓中秋，民间以月饼相遗，取团圆之意。"

到了清代，中秋吃月饼成为普遍的习俗，月饼的制作技巧越来越高。清末彭蕴章所著《幽州风土吟》："月宫饼，制就银蟾紫府影。一双蟾兔满人间，悔煞嫦娥窃药年，奔入广寒归不得，空劳玉杵驻丹颜。"从这段文字看，月饼上有广寒宫、嫦娥、玉兔等形象，当时月饼模的图案已经很复杂了。

20世纪，在过中秋时，几乎家家户户都制作月饼，饼模多为自制，模子一般为杜梨木所刻，大小不一，有圆形的、正方形的、椭圆形的、莲花形的、石榴形的，形式多样，内中图案丰富多彩，月宫图与花花草草等吉祥图案应有尽有。

随着社会的发展，传统糕模不复往日的光彩，月饼模也随之闲置，精美的老模子已具有了民俗文物的价值，在收藏市场可见其身影。

## 流　程

月饼模多为枣木或梨木所制，也有陶质、瓷质的。

常见的月饼模，直径在10厘米左右，小的一般为3厘米，大的则达50厘米左右，形状多为圆形，也有正方形、椭圆形、莲花形、桃形等。

在传统文化习俗中，嫦娥奔月、玉兔捣药、吴刚伐桂是月饼模常见的题材。此外，还有春兰、夏荷、秋菊、冬梅为题材的花卉纹饰，福、禄、寿、喜的文字纹饰，龙、兔、猴、麒麟、蝙蝠等瑞兽纹饰，具有祈福、纳祥的含义。

但从造型和题材上讲，仍受各地民俗和地域影响。南方地区饼模多体积小巧、造型多样；中部地区多体积偏大、造型单一，以圆为主。南北所用木料不同。北京、天津、山东、山西使用最多的是杜梨木，其次有枣木、苹果木等；浙江常用白桃木、樟木；广东和福建会用龙眼木、荔枝木，就地取材。

根据制作工艺，有手工雕刻和翻模制作两种。

木制手工雕刻的特色在于使用反刻、阴刻或凹刻方法。用这些模子做出来的月饼，会产生阳刻或凸刻的效果。而瓷制模——瓷粿印，要经历施釉、入窑烧制，最后优胜劣汰。

**过去的木雕月饼模**

刻制一个传统的月饼模，比较熟练的师傅也要用一到两天的时间。从立意到选料，从刻刀到技法都十分考究。

首先要选择坚实耐用的木料，比如枣木、梨木等。木料选好以后，先将木料锯成一块块大约20厘米厚的坯料，其次，根据事先计划好的月饼造型，用刻刀刻出初步轮廓，俗称"开方"。"打边牙"是在月饼模四周刻制出排列整齐的花纹的一道工序。"打边牙"完成后，下一道工序就是打气眼，气眼是月饼模的排气孔，主要是让馅打下去时里面的空气能排出来。

最后一道工序是雕刻花纹，为月饼模"文身"。

# 纺花车：素手轻摇拧棉线

纺花车由一米多长的木制框架、木板辐条车轮、铁摇柄、木转子和传动线组成，纺花者一边摇动车轮，一边可将手中的长条棉花在转子上拉成线，逐渐绕成线锭子。旧时，纺花车在农村很常见。百姓穿的衣服以及床上的铺盖，所用的布料，都是自家用织布机织出的土棉布，织布机织布所用的纱线，就是用手摇纺花车纺成的。

## 渊　源

史载，元代黄道婆发明了弹花、纺棉、织布的机具及其技术。其实，纺花、织布在华夏源远流长。我国最早的诗歌总集《诗经》中就有"抱布贸丝"的记载，南北朝《木兰辞》中有木兰姑娘"唧唧复唧唧，木兰当户织"的俏姿倩影。

纺花车的文献记载，最早见于西汉杨雄的《方言》，称为"缲车"和"道轨"。古代通用的纺车按结构可分为手摇纺车和脚踏纺车两种。手摇纺车在出土的汉代文物中多次发现，说明手摇纺车早在汉代已非常普及。脚踏纺车是在手摇纺车的基础上发展而来的，目前最早的图像是江苏省泗洪县出土的东汉画像石。手摇纺车，驱动纺车的力来自于手，操作时，需一手摇动纺车，一手从事纺纱工作。而脚踏纺车驱动纺车的力来自脚，操作时，纺妇能够用双手进行纺纱操作，大大提高了工作效率。纺车自出现以来，一直都是最普及的纺纱机具，即使在近代，一些偏僻的地区仍然把它作为主要的纺纱工具。

在过去，我国工业很落后，人们穿的衣服以及床上的被褥所用布料的纱

北宋王居正《纺车图》（局部）

线，都是用纺花车纺成的。纺花车是几千年来中国女人最熟悉、使用最多的物件。

改革开放后，人们的生活水平大幅度提高，多种机织丝绸、棉纺和化纤布匹大量普及，纺车便渐渐被闲置起来，完成了历史使命，淡出了人们的生活。现在，能打造一架好的纺花车的木匠师傅不多了，偶尔还有一些纺花车被民俗专家们买走当收藏品。

## 流　程

纺花车由车梁、锭子、绞线、转轮和摇柄等部分组成。

车梁一般一米多长，上面可以安装锭子、转轮。

锭子分金属和木质两种，两头尖，中间线槽是用来连接绞线的。铁锭子是熟铁锻打件，长约一尺，枣核形，中间约铅笔杆粗细，越往两头越细，两头虽都是尖的，但也有不同：上端铁锭尖圆光滑，下端铁锭留有右转螺旋形自然纹，供纺线时上劲儿用。

绞线，类似于动力机上的传动皮带，与锭子和转轮相连。

民国时期广告上的纺花图

转轮是在一根实木轴上伸出的翅板，便于套上绞线。

摇柄是连接在转轮轴上的短圆木，用手转动，绞线带动锭子旋转。

纺花前，把纺车放置在平地或土炕上，在纺车的左边小轮上安上锭子，左手攥住搓好的棉花筒，紧触锭子的下端，在右手摇动纺车右边的大轮时，左臂抽后边高处抬起，将花筒抽成线状。之后右手回转纺车，左手慢慢向下、向前松落，刚抽出的棉线就自然地缠到锭子上，以此反复，一个中间大两头小的锤子状的线穗子就形成了。最后从锭子上脱下来，再纺第二个。这道工序要求的熟练程度高，只有两臂配合相当娴熟才能做好。

# 织布机：男耕女织农家乐

织布机，又叫"纺机""织机""棉纺机"等，早期的织布机都是依靠人力带动的织布机，直到20世纪80年代才渐渐衰微，但在贫穷的乡村，有些妇女依然持守着这一手工工艺。织布时，织布者先将穿线梳系在腰上，再将经线一根一根交叉拉直，然后将梭子牵引的纬线来回在经线内穿梭，便可织出一匹匹布来。

## 渊 源

织布机早期称为机杼，如《古诗十九首·迢迢牵牛星》中的"纤纤擢素手，札札弄机杼"。《淮南子·泛论训》中说："后世为之机杼胜复以便其用，而民得以掩形御寒。"有研究者根据史书所载，战国时期诸侯间馈赠的布帛数量比春秋时多达百倍的现象，及近年来各地出土的刻有踏板织机的汉画像石等实物史料，推测织布机的出现可追溯到战国时代。到秦汉时期，黄河流域和长江流域的广大地区已普遍使用。

最早的织布机，是席地而坐的踞织机（叫腰机）。使用方法是用脚踩住织机的经线木棍，右手拿打纬木刀打紧纬线，左手做投纬引线的姿态。

到了元代，著名的棉纺织革新家黄道婆将在崖州（今海南岛）生活30余年所学到的纺织技术进行改革，制成了一整套扞、弹、纺、织工具，极大地提高了当时的纺纱效率。黄道婆发明出脚踏"三锭三线"纺纱车和"踞织腰机"织布机，提高了编织质量。

1733年，英国工程师约翰·凯发明飞梭后，更大大提高了纺织工业的工作效率。随着人类文明的进步，机械织布机也逐渐登上历史舞台，人工织布机慢慢成为历史。

清代瓷板中的织布场景

## 流　程

手工织布机的构造，包括机身、踏板、座板、机杼、缯、线轴、卷布轴、梭子等不下十几个部件。它的工作原理是，把经线经过若干道工序，安放在织布机上，然后用织布梭子把纬线编织进经线，这就要求织布的人，手脚灵活、配合默契。

用织布机织布，带有一定的技术性，要经过多道工序，有撕扯棉胎儿、卷棉絮卷儿、纺线、合股、捯线、浆洗、绕线、走绺、认缯、织布等。

织布机皆为硬质木材所做，用料有松木、榆木、柞木、槐木、枣木等，以枣木为最佳。

织布时，经线整理好后，还要有纬线，才能织成布定，纬线是通过梭编织的，梭两头尖，呈流线形，中间宽。织布前，将纬线线穗儿塞进梭腹之中，把线脐儿带出的线头从梭脊孔中串出来，系在经线一侧，织布者坐在坐板上，左脚踩动踏板，右手往左抛梭，右脚踩动踏板，左手往右抛梭，两个缯片就会上下交叉升降，穿行中的梭就把纬线吐留在两层夹缝中，双脚有规律地踩动踏板，双手跟着有规律地抛梭，随着两个缯片的上下移动，两层经线也上下交叉升降，与梭穿行留下的纬线交织在一起，便成为棉布。往里扳动机杼，为的是把纬线磕紧，让织出的棉布更加密实，避免出现稀疏现象。